KÄTHE LACHMANN

KEINE PANIK, LIEBE ANGST

Wie die Angst in mir wuchs
und ich an ihr

INHALT

VORWORT

»Angst klopfte an.
Vertrauen öffnete.
Keiner war draußen.«
AUS CHINA

Es ist geschafft. Dieses Buch zu schreiben, hat mich einige Überwindung gekostet. Schließlich habe ich mich sehr lange schon für meine Ängste geschämt, schäme mich heute noch manchmal dafür. Und jetzt – mache ich mich nackig!

Aber nicht einfach so. Ich hoffe, dass ich Menschen erreiche, die meine oder ähnliche Ängste kennen und die sich im Buch wiederfinden und merken: Ich bin nicht allein. Die während oder nach der Lektüre den Mut finden, sich jemandem anzuvertrauen, sich Hilfe zu holen. Es gibt so bescheuerte Ängste, doch keine ist so bescheuert, dass man sich dafür zu schämen braucht und sich keine Hilfe holen kann.

Angehörige möchte ich erreichen, Menschen, die sich fragen, was genau ist eigentlich mit meiner Mutter, der Nachbarin, meinem Bruder, der Kollegin – wie fühlt sie oder er sich?

Manchmal habe ich mich während des Schreibens gefragt: »Nehme ich mich nicht zu wichtig? Wen interessiert das denn, wie es mir geht?«

Aber eigentlich wusste ich die Antwort schon. Denn mir hat zu Beginn meiner Angstkarriere auch ein Buch gutgetan, ein reines Sachbuch über Ängste, durch das ich merkte: Ich bin nicht verrückt. Was ich habe, das ist eine Krankheit. Und es gibt sehr,

sehr viele Menschen, die auch darunter leiden. Und: Man kann etwas tun, damit man besser mit ihr leben kann.

»Wo Lachen ist, ist keine Angst« heißt es, ich bin eigentlich Komikerin und kann das so nicht ganz unterschreiben. Anderen Menschen unbeschwerte Stunden mit meinem Humor zu bescheren, bedeutete in der Vergangenheit oft eine nahezu übermenschliche Arbeit für mich mit dicker, fetter Angst im Nacken.

Dennoch habe ich selbst in verzweifelten Zeiten immer mal wieder in kurzen Momenten auch das Glück, meinen Zustand aus einem anderen Blickwinkel sehen zu können und kurz darüber zu schmunzeln. Und weil mir als Angsterkrankter ein Erfahrungsbericht über Panik und Ängste auch eher Angst einjagt, habe ich versucht, meine komische Seite in diesem Buch mitreden zu lassen und es so etwas leichtfüßiger werden zu lassen.

Darüber zu reden, mit dafür zu sorgen, dass psychische Krankheiten als genauso normal angesehen werden wie körperliche, ist mir ein großes Anliegen, und ich hoffe, dass ich mit diesem Buch ein Stück dazu beitragen kann.

ANKUNFT IM MEISENHEIM

»Es riecht nach Klinik.« Kein sehr schlauer Satz, wenn man gerade in einem Krankenhaus eincheckt. Das scheint auch mein Freund zu merken. Er beißt sich auf die Lippen und sieht mich an, als habe jetzt ER Angst; Angst davor, dass ich meine Notfallpillen brauche. Die kleinen blauen, die ich zwar schon lange nicht mehr genommen habe, bei denen es aber gut ist, dass ich sie nehmen könnte, wenn ich es müsste. Ohne sie verlasse ich Hamburg nicht.

Das hier ist weit weg von Hamburg. Wir haben fast drei Stunden im Auto gesessen, bevor wir an dem riesigen Klinikkomplex mitten im Wald ankamen. Ist das denn überhaupt noch Deutschland hier?

Ich hasse es, von zu Hause weg zu sein. Noch mehr hasse ich es, alleine von zu Hause weg zu sein. Deshalb hat sich meine Krankenkasse ausgedacht, dass ich genau das machen soll: Fünf (in Zahlen: 5!) Wochen in einer »Psychosomatischen Reha«, Hunderte Kilometer von Hamburg entfernt. Im herrlichen November. Und mein Freund darf nicht mit …

Genau so muss sich ein Hummer über dem sprudelndkochenden Wasser im Topf fühlen.

Macht man eine Reha nicht eigentlich erst dann, wenn die Operation vorbei ist und der Gips wieder ab? Um das Laufen wieder zu lernen? Mein Gips ist aber noch dran, und ich brauche meine Krücke. Wie stellen die sich das hier eigentlich vor, diese Komiker?

Ach nein, die Komikerin bin ja ich.

Wenn man mich allerdings auf der Fahrt hierher gefilmt hätte, wäre dabei kein *YouTube*-taugliches Comedy-Video entstanden. Ich habe ständig versucht, nach Plan zu atmen, und gehofft, dass der Sprit ausgeht oder das Navi versagt oder wir wie von Geisterhand wieder nach Hause gelenkt werden und nie dort ankommen, wo ich gar nicht hinwollte.

War eher unkomisch. Auch für mich.

Aber jetzt sind wir hier, und – wie sonnig, wie positiv, wie aufmunternd! Die Wände in hellem Gelb gehalten, die Türrahmen türkis abgesetzt – der Architekt wusste, was uns Gestörten gefällt. Allerdings riecht es nicht nur nach Klinik, sondern es sieht auch eindrucksvoll klinisch aus. Das liegt vor allem an den vielen Leuten im Bademantel und an den Krankenschwestern und -pflegern, die in orthopädischen weißen Schuhen durch die Flure eilen. An den sonnengelben Gängen liegt es auch.

Aber was soll's – es gibt wohl viel schlimmere Orte, um die nächsten fünf Wochen durchzuheulen. Etwa an einer Autobahnraststätte.

Die Schwester, die mit mir den Papierkram erledigt und meinen Blutdruck misst, wirkt noch sehr jung – nicht viel älter als mein Patenkind, das gerade 14 geworden ist. Allerdings scheint die Frau im weißen Kittel die Pubertät schon hinter sich zu haben. Sie merkt mir meine Aufregung an, erklärt mir alles in ruhigem Ton und lächelt verständnisvoll. Ich versuche, möglichst »normal« zu erscheinen, und labere irgendetwas von »noch nie in einer Psychoklinik gewesen« und »ja, ich nehme Tabletten, aber quasi eine homöopathische Dosis«.

Es ist mir unangenehm, hier einzuchecken. Dabei ist das ja kein Erotikshop. Und außerdem – das hat eine Klinik wiederum mit selbigem gemeinsam – ist der Umgang mit Leuten wie mir für das Personal ja Alltag. Vermutlich sogar selbst gewählt.

Ich mache mir mal wieder zu viele Gedanken.

Aber wie soll ich mir denn keine machen? Das geht ja schlecht, so wie man bekanntlich auch nicht auf Befehl nicht an einen rosa Elefanten denken kann. Und die Frage, wie es wohl werden wird, fünf Wochen lang mit lauter Bekloppten in einer Klinik, die wird ja wohl erlaubt sein. Hoffentlich sind auch ein paar Normale dabei. Solche wie ich. Und schon fange ich an, bitterlich zu heulen.

Schließlich bin ich noch nie so lange alleine von zu Hause weg gewesen. Um auf alle Eventualitäten eingestellt zu sein, habe ich sämtliche Gepäckstücke, die wir besitzen, beschlagnahmt und randvoll gestopft, und zwar mit allem, was mir in den Sinn kam, von Wattestäbchen und Kuscheltieren über Notfallkekse, Wanderschuhe und ein eigenes Kopfkissen bis hin zu Radio und Plätzchenausstechern. Schließlich werde ich die Adventszeit hier verbringen. Hätte mein Freund mir nicht beim Hochtragen der vielen Taschen geholfen, so wären die fünf Wochen vorbei gewesen, bevor ich jemand anderen außer dem freundlichen Portier zu Gesicht bekommen hätte.

Was denken bloß die anderen, wenn ich hier mit einer Containerladung Klamotten ankomme? Schnell versuche ich, den Gedanken wieder wegzuschieben. Zum einen meint mein Therapeut ja, ich müsse mir nicht ständig überlegen, was andere von mir denken (ach so?), und das will ich hier und jetzt verinnerlichen. Zum anderen weiß ich ja nicht, ob nicht doch gleich noch einer mit einem Tieflader anrückt und sechshundertzwanzig Seemannskisten nach oben schleppt.

Der liebe Gott lässt an diesem Novembertag die Sonne noch mal Vollgas geben, als wolle er mir den Start erleichtern. Sie scheint durch die verglaste Front meines – natürlich – in zartem Gelb gestrichenen Zimmers und spielt mit den bunten Blättern des spätherbstlichen Walds gegenüber. Danke dafür. Es erscheint mir nicht mehr vollkommen unmöglich, dass ich mich hier vielleicht auch so was wie wohlfühlen kann.

Ich entscheide mich dafür, nur kurz zu weinen, als mein Freund sich verabschiedet. Vermutlich ist es ja kein Abschied für immer, und er versichert mir mehrmals, dass er mich rausholen würde, sollte es gar nicht gehen. Ich frage das sicherheitshalber etwa zweiundsechzigmal, und er gibt jedes Mal dieselbe Antwort. Könnte also stimmen. Ich nehme mir vor, meine »richtige« Trauer auf später zu verschieben. Schließlich bin ich erwachsen. Ich kann es schaffen. Ich kann ja heute Abend noch ein wenig in mein Kissen weinen, das soll sowieso gut sein zum Einschlafen.

Trotzdem – als er weg ist, wird mir meine Situation schlagartig klar: Ich bin in der kanadischen Wildnis abgesetzt worden. Von einem Helikopter. Nur mit einem Gewehr, etwas Brot, Wasser und dem Schlüssel für eine zwei Meilen entfernte Blockhütte. Okay, die Hütte hier hat Fußbodenheizung und WLAN; das Badezimmer ist viel größer als unseres zu Hause; die Krankenschwestern sind freundlich, und ich werde bestimmt auch die eine oder andere Mitinsassin finden, mit der ich Karten spielen, handarbeiten oder was man noch so machen kann in einer Psychoklinik.

Aber es ist doch eine Wildnis – die brandenburgische eben.

Übrigens: Meine letzte Handarbeit bestand aus einer Makramee-Blumenampel. Das war in der siebten Klasse. Und mit Spielkarten kann ich normalerweise auch nicht viel anfangen. Aber das hier, das ist nicht normalerweise, sondern ein anderer Planet. Vielleicht werde ich hier sogar zum Äußersten schreiten und mal wieder ein Brettspiel spielen.

Warum ich hier bin? Wegen meines ganz persönlichen Dachschadens. Seit über dreißig Jahren kennen meine Angst und ich uns schon – und dennoch kann ich mich nicht so richtig an sie gewöhnen. Ach so, ich muss sie vielleicht erst einmal vorstellen. Gestatten: Panikstörung mit Agoraphobie. Man könnte jetzt denken, dreißig Jahre lang dieselbe Psychomacke, wird das nicht langweilig? Weit gefehlt! Mit der Angst ist es wie mit einem Comedy-Soloprogramm: Jeder Abend läuft anders, obwohl das Programm feststeht. Hoppla, blöder Vergleich – schließlich hat mich die Angst von der Bühne geholt.

Wie das?

Also. Meine Angst äußert sich aktuell in der bereits ansatzweise erwähnten Abneigung dagegen, mich weiter als 12 Meter von meiner Haustür zu entfernen. Und neuerdings auch in der Unfähigkeit, in Anwesenheit anderer Menschen Speisen und Getränke zu mir zu nehmen. Was meine Sozialtauglichkeit doch ziemlich einschränkt. Und auch das Beziehungsleben leidet auf die Dauer, wenn mein Freund das von ihm zubereitete Sonntagsmenü alleine in der Küche essen muss, damit ich im Wohnzimmer beim Mümmeln keine Angstattacke mit garantiertem Erstickungsanfall kriege.

Jedenfalls probiere ich jetzt, nachdem ich alles, aber wirklich alles versucht habe, meine Angst loszuwerden, das letzte Mittel der Wahl aus: eine Klinik. Weit weg von zu Hause. Und das, obwohl ich doch solche Angst davor habe, an einem Ort zu sein, von dem ich nicht einfach wieder so schnell in meine vertrauten vier Wände komme.

Aber eine Klinik ist schließlich kein Sessellift in den Südtiroler Bergen. Die sind ja nur dafür gebaut worden, dass Leute wie ich genau dann darinsitzen, wenn er stundenlang über einer achttausend Meter tiefen Schlucht stehen bleibt. Nicht, dass mir das je wirklich passiert wäre, aber meine Vorstellung davon ist schon schlimm genug. In einer Klinik dagegen, gerade in einer psychosomatischen, gibt es mit einer gewissen Wahrscheinlichkeit jemanden, der sich mit meinen Ängsten auskennt, und wahrscheinlich bin ich hier sehr gut aufgehoben. Das rede ich mir jetzt ein. Hier gibt's meine kleinen, blauen Beruhigungstablettchen sicher auf jedem Stockwerk aus dem Spender, und die Valiumspritzen liegen aufgezogen neben dem Vollkornbrot im Speisesaal. Und Ärzte gibt's hier bestimmt fast so viele wie auf dem Golfplatz. Eigentlich doch paradiesisch.

Natürlich hatte ich mich vorher im Internet über diese Klinik informiert. Soll man ja gerade in medizinischen Angelegenheiten immer tun – sich schön im Netz umsehen. Zum Glück gibt es reichlich Bewertungsportale, in denen jeder, aber wirklich jeder seine Meinung kundtun kann. Es kann also eine schöne Zeit hier in der Klinik werden – wenn man auf die richtigen Leute trifft –, darin waren sich im Netz alle einig. Allerdings gibt es nur Doofe hier (laut Wackelpetra56 und Ihrkönntmichalle67). Das Haus zieht demnach Arschgeigen an, interessant. Das Essen schmeckt furchtbar (Zimbria_DR), ist dabei aber ganz okay, auch für Veggies (E-M.ausF). Die Therapeuten haben keine Ahnung von nix (Veramaus69), sind aber ganz toll, besonders Herr M. aus der Physio (Schmüggler.Beate). Man sollte diese Klinik »auff keinen Fal weiter emfelen« (Dausden-Matthias), aber auf jeden Fall die Verlängerung annehmen, wenn sie einem angeboten wird (Petraschauer). Ich bin also sehr gut vorbereitet, weiß auch, dass ein Zimmer im Altbau »scheisse ist, da viel zu laut« (diePaula), der Neubau allerdings »richtig weite Wege und die Raucherecke vor dem Fenster« (Marioneschmidtz) zu bieten hat und man sich zu allem Unglück »das Zimmer nicht selbst aussuchen darf«, was Elvira.Faust »unmöglich« findet für »physisch angeschlagene Menschen«. Vielleicht bilde ich mir doch meine eigene Meinung. Jetzt geht's erst mal zum Klinikrundgang mit alten Hasen.

»Ich bin Anke.« Die kleine brünette Frau mit dem fröhlichen Lächeln wirkt vollkommen normal. Aber sind das nicht die richtig Gefährlichen? »Und ich Jennifer. Wir zeigen euch jetzt, wo hier alles ist in der Meisenklinik.« Die blond gefärbte Frau kichert und fügt hinzu: »So nennen die Leute im Ort das Haus.«

Riesenlacher. Klar fühlt man sich gleich besser, wenn man alles nicht so ernst nimmt. Die Ängste, die Erschöpfung und Trauer, Zwänge und was sich sonst noch alles im bunten Garten der Psychoprobleme tummelt. Wenn man sich darüber einfach mal lustig macht und sagt, »Hihi, wir sind die mit der Meise«, ist das bestimmt besser, als sich gegenseitig noch mehr runterzuziehen. Aber ich habe leider, beruflich bedingt, gewisse Mindestansprüche an Gags und Pointen. Ich fürchte, das wird mir hier noch Schwierigkeiten bereiten.

Jennifer erinnert mich an ein Pferd – ein gesundes, schönes Dressurpferd. Sie wirkt sehr sportlich, und der Eindruck entsteht nicht nur durch ihre eng anliegende Gymnastikhose nebst Turnschuhen, von denen Loriot gesagt hätte, sie sähen aus, als sei sie in eine Sahnetorte getreten, sondern auch durch die Person, die das durchaus tragen kann. Jennifer hat eine laute Stimme und kommt mir eher wie die mutige Anführerin einer Bande vor und nicht wie eine Person mit psychischen Schwierigkeiten. Anke, wie Jennifer schon seit zwei Wochen hier zu Gast, ist im ausgeleierten Jogginganzug unterwegs. Ich hatte mir bereits in Hamburg vorgenommen, keine der anstehenden Mahlzeiten im Jogginganzug einzunehmen und auch sonst weitestgehend zu versuchen, Stil zu bewahren. Vielleicht ist das Quatsch. Vielleicht aber auch sehr weise. Möglicherweise hat Karl Lagerfeld ja recht mit der These, wer Jogginghosen trage, habe die Kontrolle über sein Leben verloren.

Aus der Klinikbroschüre weiß ich, dass die Neuankömmlinge in kleinen Gruppen zusammengesteckt werden und dann die ganze Zeit in dieser Konstellation zusammenbleiben. Ob das hier und heute mit der Klinikführung schon anfängt? Ist das hier meine Gruppe für die kommenden fünf Wochen? Ich öffne sicherheitshalber schon mal ein paar Klischeeschubladen: Die sind ja alle älter als ich. Die unförmige Rothaarige mit dem Faltenrock guckt irgendwie böse, und die kleine Blonde mit der Stoppelfrisur hat so einen Watschelgang und ständig den Mund offen – die nimmt doch bestimmt sehr, sehr starke Psychopharmaka. Die lange Dünne mit den blonden Locken sieht ganz sympathisch aus, aber sie redet ohne Unterlass. Was ist denn mit dem jungen Mädchen mit dem Kapuzenpulli und den

Turnschuhen? Die ist doch ganz in meinem Alter. Die sieht nett aus! Hat ein sehr ansteckendes Lachen und wirkt offen. Mit ihr möchte ich meine Zeit hier absitzen, nehme ich mir vor und überlege, wie ich am besten bei ihr andocken kann.

Als ich mir zu Hause die fünf Wochen vorgestellt hatte, sah ich mich alleine in meinem Zimmer, zwischen vollgerotzten Taschentüchern auf dem Bett lümmelnd, meinem Leiden hingegeben und den winzigen Fernseher durch pausenloses Zappen zur Kabelschmelze bringend. Bücher habe ich stapelweise dabei, Musik und was zum Malen, es kann also keinerlei Langeweile aufkommen, wenn ich keine finden sollte zum Reden, Spazierengehen und Brettspielespielen. Aber die Auswahl an Frauen ist tatsächlich riesig. Denn Psychos sind selbstverständlich weiblich. Männer trinken Bier, essen fettes Grillfleisch und kriegen einen Herzinfarkt. Die gehen nicht in so eine Klinik. In meiner Gruppe ist es also wie im Tanzkurs oder im Kirchenchor. Wobei mir Männer nicht direkt fehlen, außer einem.

Beruhigend finde ich, dass hier alle ziemlich normal aussehen. Niemandem wächst eine Palme aus dem Ohr, und es gibt auch keine, die sich intensiv mit den Aufzugknöpfen unterhält. Am Hamburger Hauptbahnhof laufen wesentlich durchgeknalltere Leute rum.

Im vierten Stock halten wir, und Anke öffnet die Tür. Ihre Kollegin übernimmt: »Es gibt vier Waschmaschinen für sechshundert Leute. Passt auf eure Wäsche auf, bleibt dabeisitzen, während sie wäscht.« Jennifer ist ganz ernst geworden. Und so werden wir eingeweiht in die Sage von der verschwundenen Wäscheladung:

Es begab sich zu der Zeit, dass eine Frau alles aus ihren sieben Koffern und Taschen aufgetragen hatte und es an der Zeit war, einiges davon einem Reinigungsprozess zu unterziehen. So ging sie denn an einem Dienstag zu den Vier Waschmaschinen – einem verwunsche-

nen Ort, der von den weisen Frauen des Ortes häufig aufgesucht wurde, um dem Zauberer Persil zu huldigen. An den Dienstagen aber, so ging die Mär, war man meist alleine mit den Persilmaschinen, weil das der Abreise- und Ankunftstag war. Als die Frau eine Maschine beladen und angestellt hatte, schickte sie sich an, den gepriesenen Ort zu verlassen, um sich dem Fango oder dem Leibwickel hinzugeben. Sie hatte vor, erst nach Ablauf einer Stunde zurückzukehren. Eine weise Frau, die zufällig des Weges kam, riet ihr aber, besser bei ihrem Waschgute Wacht zu halten. Allein, die Frau schlug die Warnung als Waschweibergeschwätz in den Wind und trollte sich. Als sie gut sechzig Minuten später wiederkam, war, so sagt der Volksmund, der Waschmaschineninhalt verschwunden. In der magischen Trommel befand sich nur noch ein Zettel, auf dem geschrieben stand: »Die Wäsche passt mir auch!«

Diese grausige Geschichte scheint in der Klinik seit Erfindung der Waschmaschine in Umlauf zu sein – jedenfalls bekomme ich sie im Laufe meines Aufenthalts noch mehrfach aus verschiedensten Mündern zu hören. Ich grusele mich immer wieder aufs Neue. Wie kann man etwas so Schreckliches in einer Psychoklinik erzählen? Man sollte wissen, dass man mit solchen Gruselgeschichten den Verbrauch von blauen Pillchen in ungeahnte Höhen treibt!

Wir gehen weiter. »Im Altbau gibt's Aufenthaltsräume, die habt ihr im Neubau nicht. Zum Teil stehen da auch Bücher drinne.« Anke scheint im Altbau zu wohnen, und sie brüstet sich ein bisschen zu sehr mit den unermesslichen Möglichkeiten, die uns armen Neubaumenschen verwehrt bleiben, finde ich. »Außerdem finden die meisten Behandlungen im Altbau statt.« Irre ich mich, oder sehe ich da Schadenfreude in ihrem Gesicht?

»Habt ihr im Altbau eigentlich auch Fußbodenheizung und elektrische Jalousien?«, frage ich arglos.

»Und auf jedem Stockwerk eine Teeküche? WLAN im Zimmer? Pay-TV mit Kino-Blockbustern im 75-Zoll-LED-TV?

Bademantel und Hausschuhe? Extra-Kissen? Einen Whirlpool im Bad? Wasabi-Nüsschen in der Minibar? Nicht?«

Ich mache eine Kunstpause, bevor ich auflöse: »Wir auch nicht. Doch, Fußbodenheizung und Teeküche stimmt.« Wenn ich in die Gesichter um mich herum gucke, habe ich den Eindruck, mir viele neue Freundinnen gemacht zu haben.

»Und hier probt der Chor.« Jennifer öffnet eine Tür. Toll, von dem habe ich schon gehört! Da will ich hin. Singen ist gesund. In Hamburg war ich auch mal in einem Chor. Es machte Spaß – bis die ersten öffentlichen Auftritte anstanden. Noch mehr Auftritte, sogar in meiner Freizeit – das wollte ich nicht.

Der Chorraum ist groß, eine Seite ist verglast, und vorne steht ein ziemlich runtergerockter Flügel. Anscheinend finden hier auch Vorträge statt, stelle ich messerscharf angesichts der zahlreichen Stuhlreihen fest. »Ohgottohgott, ruhig sitzen mit vielen Menschen in einem Raum!«, zählt mein nervöses Hirn umgehend eins und eins zusammen. Ich bestelle beim Universum schon mal für sämtliche Veranstaltungen in diesem Raum einen Stuhl neben dem Ausgang und bete, dass nicht alle hier so drauf sind wie ich. Obwohl das ja anzunehmen ist.

Ich erinnere mich an eine Premiereneinladung, als ich die Dame vom Kartenservice anrief, mich bedankte und um Plätze am Rand bat. Sie lachte und sagte: »Bei einer Premiere, wenn viele Schauspieler und Regisseure kommen, könnte ich Randplätze bis zur Alster vergeben. Künstler sind doch alle neurotisch.« Das fand ich irgendwie beruhigend. Ich war stolz auf mich und meine Kollegen.

Tiefenentspannt mittendrin sitzen ist eben nur etwas für unsensible Holzklötze. Klar, man sieht von da aus mehr. Aber die wirklich feinen Gemüter sitzen am Rand.

Lange Zeit galt für mich: Lieber auf der Bühne als mitten im Publikum. Das waren noch Zeiten! Heute will ich nirgends mehr sein. Höchstens zu Hause vor dem Fernseher. Vorausgesetzt, es kommt nichts Schlimmes. Schöne Filme will ich sehen, mit kleinen Häschen und Kätzchen und kichernden Mädchen im Sonnenschein.

Wir kommen zum Fitnessraum. »Hier rein dürft ihr nur zu dritt. Weil, wenn einem was passiert, bleibt einer bei ihm, und einer holt Hilfe.« Im Kopf ergänze ich die meines Erachtens nicht unerhebliche weibliche Form. Schließlich ist es recht unwahrscheinlich, dass sich in der gesamten Klinik überhaupt drei Männer finden, geschweige denn welche, die zusammen sporteln wollen. Obwohl diese Höhle wirklich mehr als einladend daherkommt, mit ihrem verschlissenen grünen Teppichboden und dem defekten Laufband. (Ich mag es, wenn etwas »daherkommt«. Vor allem bei Räumen.)

Abends in meinem Zimmer ziehe ich Bilanz.

Wie geht es mir gerade?

Schlecht ist: Ich will nach Hause! Ich fühle mich alleine – und so fehl am Platz wie ein Biertrinker in Italien. Und ich bin so weit weg von Hamburg.

Gut ist: Die Tabletten scheinen zu wirken. Sonst hätte mich heute Morgen niemand ins Auto bekommen.

Schlecht ist: Ich habe meinen Kompass vergessen und werde deshalb in diesem Labyrinth aus Altbau, Neubau, Turnhalle, Schwimmbad, dem Physiobereich, dem Tischtennisraum, dem Speisesaal nebst Cafeteria, den Ergotherapieräumen, dem Vortragssaal und dem verwunschenen Waschmaschinenraum verloren gehen.

Gut ist: Ich werde nicht waschen müssen. Mein Gepäck reicht notfalls auch für zehn Wochen.

Schlecht ist: Ich habe keine Ahnung, was mir das alles hier bringen wird.

Gut ist: Es könnte auch was Gutes sein.

THERAPIEN, THERAPEUTEN, THEOLOGEN

Dass ich irgendwann mal in einer Psychoklinik landen würde, hätte ich, ehrlich gesagt, nie gedacht. Eigentlich wollte ich das mit meiner Angst doch immer anders hinbekommen.

Einiges habe ich ja schon ausprobiert. An Therapien. An Maßnahmen, um mit meinen überbordenden Ängsten klarzukommen. Mit meinen Panikattacken, das heißt, mit der plötzlichen Todesangst, die scheinbar aus dem Nichts auftaucht, die mich lähmt, mir die Luft raubt, mich schwindlig sein lässt und in mir das Gefühl auslöst, jeden Moment zu sterben oder verrückt zu werden. Eine Panikattacke macht, dass meine Hände kribbeln, ich alles um mich herum nur noch durch einen dichten Nebel wahrnehme, mein Herz rast und ich nur noch aus dem Gefühl Angst zu bestehen scheine.

… sagt mal, kann ich dieses »ich« nicht mal ersetzen? Durch jemand anderen, Fremden? Das hätte was Tröstliches, Distanziertes. Wenn ich über mich wie jemand anderen schreiben würde, dann würde ich auch mal Kategorien wie »die Mittvierzigerin«, die »Komikerin« oder die »Angstgeplagte« verwenden. Viel besser als dieses berührbare »ichichich«. Aber es heißt, wenn man von sich selbst in der dritten Person spricht (oder auch schreibt, fürchte ich), sei das ein Zeichen für geistige Versehrtheit. Also für eine psychische Störung. Und davon kann bei mir ja nun keine Rede sein, Zwinker-Smiley. Also (seufz): Zurück zu den angstvertreibenden Maßnahmen. Als da wären: Massage, Akupunktur, »Heiler«, Verhaltenstherapie, Psychoanalyse, Qigong, Tiefenpsychologische Gesprächstherapie, Meditation, Tabletten, Autogenes Training, Homöopathie – das sind die Therapien und Entspannungsübungen, die ich im Laufe meines Lebens ausprobiert habe. Und natürlich Schokolade.

Als ich mit zwölf, dreizehn Jahren das erste Mal Panikattacken habe, schiebt man das auf die Hormone. Wir sind im Familienurlaub im idyllischen Südtirol, und plötzlich habe ich Angst. Angst vor den Bergen, Angst, wenn wir uns von unserer Pension entfernen, Angst vor ziemlich allem.

Als wir wieder zu Hause sind, nehmen die Ängste zwar ab, tauchen aber immer wieder auf. Der Kinderarzt konstatiert achselzuckend die beginnende Pubertät. Verquere Synapsen im Oberstübchen aufgrund von Frauwerdungssäften. Und eine Bekannte meiner überaus besorgten Mutter – ihres Zeichens Masseurin (medizinische, versteht sich, für alles andere bin ich noch zu jung) – setzt viel Zuversicht in manuelle Therapie, um meine verirrten Körpersäfte wieder in geregelte Bahnen zu lenken und so der Angst Einhalt zu gebieten. Dass es nicht die allerbeste Idee ist, ein pubertierendes Mädchen, das ja überhaupt nicht versteht, was da körperlich gerade mit ihm passiert und sich für ihre Wölbungen am Oberkörper und jedes einzelne Schamhaar schämt, am Unterleib zu massieren, findet damals anscheinend niemand.

Da ich aber auch nicht unsittlich berührt werde, habe ich bis heute keine wirklich unangenehmen Erinnerungen an diese Therapiemaßnahme. Im Gegenteil, in meinem Alter freue ich mich, dass ich mich überhaupt an etwas erinnere. Und dennoch würde diese Art der Ängstebehandlung wohl nicht ganz oben auf dem Therapieplan eines einigermaßen geistig gesunden Diplompsychologen stehen. Dass sie mir dennoch zuteilwird, lässt sich nur mit der Ratlosigkeit meiner Eltern erklären.

Genauso wie das Verschreiben von Beruhigungsmitteln im zarten Kindesalter, weil ich nervös zwinkere. Wohlgemerkt hat das meine Mutter festgestellt, nicht der attraktive Nachbarsjunge. Mich selbst stört es nicht, andere dafür umso mehr, und so gibt's pflanzliche Tropfen vom Kinderarzt. Und auch hier frage ich mich – zu Recht, wie ich meine –, ob man das heute auch noch so machen würde. Ist es vermessen, da mal nach der Einschätzung einer Kinderpsychologin zu fragen? Die dann eventuell gleich mit Ritalin beigeht? Nervosität könnte ja eventuell auch etwas mit Konflikten oder Veränderung in Familie oder Schule zu tun haben, aber an solche Gründe denkt in den 1980er-Jahren niemand. Zu viel Haarspray.

Heute denke ich, dass der damalige Herzinfarkt meines Vaters (ich sehe ihn jetzt noch manchmal vor meinem geistigen Auge auf der Intensivstation liegen, überall Kabel und Schläuche) mich sehr getroffen hat. Es sollten in den nächsten zehn Jahren noch zwei Infarkte folgen. Und dass meine Mutter sich daraufhin als Grafikerin selbstständig gemacht hat und nicht mehr jeden Nachmittag, wenn ich aus der Schule kam, zu Hause war, war auch eine große Umstellung für mich.

Gut – ich werde also gegen die Panik massiert und kriege Tropfen gegen meinen nervösen Tick. Und vielleicht geht *Es* (Stephen King) davon tatsächlich wieder weg. Vielleicht aber auch nicht. Hauptsache, mir geht's wieder gut.

Das ist meine erste Begegnung mit der Angst, sie hält zum Glück nicht sehr lange an, zeigt sich während dieser Wochen und Monate auch nur ab und zu und verschwindet dann erst einmal ziemlich vollständig.

Um dann, mit siebzehn, mit aller Wucht wiederzukommen.

»Sorry Leute, ich hatte ein paar Jahre was anderes zu erledigen, aber – hey, da bin ich wieder! Bock auf 'ne Runde Panik? – Nee? Ist mir scheißegal!« Es ist November, und ich bin außer mir vor Angst. Es gibt keinen erkennbaren Grund dafür, kein

Monster unter dem Bett, keine tagelange absolute Sonnenfinsternis, keine Geissens vor der Tür – Angst ohne offensichtlichen Grund, herrlich!

Ich drehe derart am Rad, dass ich mich nicht einmal mehr traue, den Müll rauszubringen; schon allein die Angst vor neuen Panikattacken stresst mich so sehr, dass ich am liebsten nur noch zu Hause sitze, wo ich mich sicher fühle. My home is my castle, sozusagen, aber schon über den Burggraben komme ich nur mit Müh und Not und nur in Begleitung. Aber andererseits – wer geht schon gern aus dem Haus im November, Dezember?

An einen Schulbesuch ist in dieser Zeit überhaupt nicht zu denken, und nachdem meine Eltern mit meinem Rektor gesprochen haben, bin ich bis auf Weiteres vom Unterricht beurlaubt. Die zwölfte Klasse wiederholen … Was denken meine Schulfreunde, was denken die Lehrer? Das ist mir alles herzlich egal, bin ich doch so sehr in meinen Ängsten gefangen und mit dem täglichen Überleben beschäftigt.

In diese Zeit der Unsicherheit und puren Angst platzt ein Anruf meines Französischlehrers, der mich dringend ersucht, doch wieder in die Schule zu kommen. Ich weiß nicht, was er sich denkt. Dass ich mir einen faulen Lenz mache? Dass ich einen Gallier mittleren Alters kennengelernt habe, mit dem ich um die Welt segeln will? Oder dass ich, aktuell koksend und kiffend, beschlossen habe, jetzt auch Heroin auszuprobieren und mit einer Death-Metal-Band durch die Lande zu ziehen? Oder dass ich ein Leben mit wechselnden Männerbekanntschaften, Geschlechtskrankheiten und Hurra-hurra-die-Schule-brennt-T-Shirts einem soliden Schulabschluss nebst Studium vorziehe? Keine Ahnung.

Jedenfalls will jenes hohlstimmige *Asterix*-Double mich also an einem sonnigen Montagvormittag am Telefon sprechen, und ich führe, mit Panik nicht nur im Blick, sondern im ganzen Körper, weil mir grundsätzlich alles Angst macht, den Hörer ans Ohr (Junge Leserinnen, googelt mal bitte Telefone der 1980er-

Jahre, heul!). Ich vernehme also die Stimme meines Französischlehrers: »Kommen Sie doch wieder an die Schule! Das ist doch Ihr Weg!«

Ich will ihm entgegnen: »Das würde ich doch gerne! Ich habe mir das doch nicht ausgesucht!«, und komme mir wie eine Frau ohne Beine vor, die man dringend ersucht, doch endlich mal wieder joggen zu gehen.

Was erlaubt der sich? Hat keine Ahnung, aber rät mir, die Schule nicht zu schmeißen, was ich ja überhaupt nicht vorhatte!

Und doch kann ich in dem Moment nicht wütend werden. Auch wenn es meiner Seele gewiss gutgetan hätte, wenn ich meinen Lehrer angeschrien und dann den Hörer aufgeknallt hätte (Ja, das konnte man damals noch! Das vermisse ich!).

Nein, dieser Anruf macht mir, man ahnt es schon, nur noch mehr Angst, so wie fast alles in dieser Zeit.

Meine Mutter weiß sich schließlich nicht anders zu helfen, als die Gelben Seiten des Telefonbuchs nach Psychologen zu durchforsten und diese wahllos anzurufen. Sie schaut also unter »P« wie Panikdoktor und erreicht kurz vor dem Christfest einen, und der erweist sich als Glücksgriff. Er will mich weder massieren, noch schwört er auf Tropfen. Nein, Herr Brunner ist Diplompsychologe, und meine Mutter fährt einmal die Woche mit mir zu ihm nach Sondelfingen, obschon in meinem schwäbischen Heimatort Eningen die Redewendung kursiert: »Lieber gar koin Fenger wia an Sondelfenger« (e = i, wie = als, oi = ei).

Herr Brunner versucht am Anfang der Therapiestunde, mich mit einer Art Autogenem Training, also einer Entspannungsübung, zu beruhigen. Während er also in mein Gesicht mit den panisch aufgerissenen Augen spricht: »Sie sind ganz ruhig und ganz entspannt … «, sitze ich in dem Patientensessel wie auf einem Rodeostier und denke: »Ruhig und entspannt – Flötepiepen! Ich flippe gleich aus, wenn ich nicht vorher schon explodiere in einem menschlichen Urknall.«

Fortsetzung folgt.

Meine Psychobeschwerden haben sich in der Familie herumgesprochen, und mein Onkel aus Aachen ruft an und rät meiner ziemlich ratlosen Mutter in schönstem Öcher Platt: »Die Heide (Anm. d. Autorin: seine Frau), die war mit ihrer Migräne bei so 'nem Wahnsinnstypen in Holland. Der ist Heiler. Mit dem muss eure Kleine nur einmal reden, dann geht's der wieder spitze. Fahrt da mal mit der hin.«

Mhm. Zu einem Heiler. Spitzenidee! Zum Glück ist zu der Zeit Teufelsaustreibung schon nicht mehr so en vogue. Wer weiß, ob meine Mutter sonst nicht vielleicht in den Gelben Seiten unter »E« wie »Exorzist« geguckt hätte.

Der Verzweiflung nahe, karren mich meine Eltern also nach Holland. Ausgerechnet meine sehr katholische Mutter und mein äußerst rationaler Vater, seines Zeichens Diplom-Ingenieur für Elektrotechnik.

Beim Hoffnungsträger herrscht ein ziemliches Durcheinander, bestehend aus unter anderem reichlich Plastikperlenvorhängen und Marienbildern. Insgesamt macht die Wohnung, in der er seine Patienten(?), Klienten (?), Hilfesuchenden (?) empfängt, einen sehr bunten Eindruck. Meine Eltern sollen in einem zum Wartezimmer umgebauten Flur bleiben, während ich mich klopfenden Herzens mit dem eigentlich ganz normal wirkenden Mann in Jeans und kariertem Hemd ins Arbeits- beziehungsweise Behandlungszimmer begebe. Er erscheint mir zu diesem Zeitpunkt mittelalt – wobei ich fast jeden, außer Menschen in meinem Alter, für mittelalt halte – und weder un- noch überaus sympathisch.

Ich erzähle ihm von meiner Macke. Er sieht mich lächelnd an und fragt freundlich, in bestem Rudi-Carrell-Ton, ob ich mich auf seine Anweisung hin ausziehen würde. Bidde? Damit habe ich nicht gerechnet. Eher damit, dass er mit irgendetwas wedelt, schamanische Gesänge anstimmt oder mir Steine auflegt – oder alles gleichzeitig. Aber das? Was soll das?

Ich schaue mich nach Fluchtwegen um und bin sehr froh, dass meine Eltern nebenan sitzen. Zu einem Triebtäter haben sie mich also gebracht. Na, wunderbar. Als wäre ich nicht schon verstört genug! Ich gucke den komischen Typen an und fühle mich über die Maßen unwohl.

»Na, würdest du?«, hakt er in bestem holländischen Showmoderatoren-Deutsch noch mal nach.

»Nein«, sage ich – immerhin. Schließlich habe ich »nur« Angst und keinen Gehirnschwund.

Als Antwort strahlt er mich an: »Siehst du. Das ist toll! Der liebe Gott würde das nämlich auch nicht wollen. Er hat dir dein Leben geschenkt, damit du gut mit dir umgehst. Du achtest auf dich, du bist wertvoll, und du passt auf dich auf. Das ist toll, super! Du musst immer nur daran denken, was DU willst, und nicht, was irgendjemand anders will.«

Und das war's dann auch für Rudi. Der Nächste, bitte!

Da hat sich doch der Weg gelohnt! Ob meine Eltern ihm noch einen weiteren Perlenvorhang finanziert haben als Gegenleistung für diesen wirklich hilfreichen Rat, weiß ich nicht. Zwar ist die Message nicht neu und auch nicht die schlechteste, nämlich auf meine eigenen Bedürfnisse zu hören, nicht ausschließlich an andere zu denken, sondern zu versuchen, es zunächst einmal mir recht zu machen und niemandem sonst. Aber die Herleitung dafür war doch ziemlich daneben!

Vielleicht konnte Rudi die Migräne meiner Tante, einer fröhlichen rheinländischen Kneipenwirtin, wegmachen, aber ein zartbesaitetes, katholisch-schwäbisches Teenagermädchen hätte er mit einem Maschinengewehr im Anschlag nicht mehr erschrecken können. Geholfen hat er jedenfalls niemandem, und ich hatte leider damals auch nicht die Eier, ihn dafür ordentlich auf den Pott zu setzen.

Verdattert fahren wir alle wieder nach Hause, und ich sehne mich nach dem Sondelfinger Dipl.-Psych. M. Brunner. Der spricht wenigstens kein Holldeutsch und kann mir – wie ich mit der Zeit feststelle – wirklich helfen. Mit jeder Stunde Autogenem Training wird mein innerer Stier ruhiger, und wir spielen *in sensu*, also in der Vorstellung, die Situationen nach, in denen ich Panikattacken erleide. Etwa im Bus von Eningen nach Reutlingen. Und – nein – schuld an meiner Panik ist nicht der Dialekt meiner Mitreisenden.

Mit den Therapiestunden beginnen meine Ängste abzuklingen, sodass ich anfangen kann, *in vivo*, also in der Wirklichkeit, zu üben. Und zwar mit kleinsten Schritten: Irgendwann kann ich alleine vor die Tür gehen und nach der Post sehen. Den Müll wegbringen geht manchmal besser, manchmal schlechter, je nachdem, was ich sonst noch so zu tun habe. Dann vergrößere ich mithilfe meiner Mutter meinen Radius immer mehr und traue mich immer weiter weg von zu Hause.

Sie fährt mich auf den Schulparkplatz, und ich gucke, wie's mir dabei geht. Auch hier gehen wir mit Minischritten vor: Erst bleibe ich im Auto sitzen, am nächsten Tag gehe ich mit ihr zusammen ins Schulgebäude.

Als ich das alles gut geschafft habe, begrüße ich sogar einmal einen Lehrer, und nach einigem Üben setze ich mich für so lange, wie ich es aushalte, in den Unterricht. Natürlich sitzt meine Mutter vorerst mit hinten drin, wie eine Referendarin – meine Lehrer und Mitschüler wissen Bescheid –, und die Sicherheit, sie in der Nähe zu wissen, überwiegt die Scham, das nötig zu haben. Und weil wir jeden Tag so miteinander üben, finde ich die Vorstellung, wieder wie meine Freunde in die Schule zu gehen und auch mein Abi zu machen, irgendwann gar nicht mehr so unheimlich.

Dank Sondelfinger Therapie und der tatkräftigen Hilfe meiner Mutter bin ich irgendwann wieder schulfähig. Allerdings habe ich das übliche Maß an Fehlstunden überschritten und muss die zwölfte Klasse wiederholen – was sich aber als Bereicherung herausstellt, denn die Leute, die ich kennenlerne, sind gut gelaunt und feierfreudig und ich feiere mit.

Schließlich bin ich wieder ein paar Jahre verschont von krankhaften Ängsten. Und ich komme mir wieder vollkommen normal vor und frage mich, was ich denn bitte eigentlich die ganze Zeit hatte?

So mache ich also fröhlich mein Abitur und bereite mich auf die Aufnahmeprüfung an der Schauspielschule vor. In Bochum und in Hamburg spreche ich vor. Während man mir im Ruhrgebiet eine Schreinerlehre nahelegt, weil ich überallhin außer auf die Bühne gehöre, ermuntert man mich an der Elbe, es auf jeden Fall weiter zu probieren, vielleicht klappt es ja im nächsten Jahr.

Ich verliebe mich bei der Gelegenheit in Hamburg. Das ist meine Stadt. Der Glücksgnubbel im Bauch kann nicht lügen. Ich muss hierher. Nicht, weil ich unbedingt von zu Hause wegwill, diese wunderbare Stadt hat sich mich ausgesucht, ich muss einfach hier leben. Und studiere erst mal Philosophie. Punkt.

Und hier, im wunderschönen Hamburg, wo sie echt so gar nix zu suchen haben, suchen mich »meine« Ängste massiv heim. Und das, obschon ich mit meiner Schulfreundin Kim hierhergekommen bin, wir zusammenwohnen, mittlerweile einen großen Freundeskreis haben und viel feiern.

Die Seminare und Vorlesungen im Philosophischen Seminar sind überfüllt. Meist sind die Türen weit geöffnet, und auf dem Flur drängen sich Studenten – schlechte Voraussetzungen für ein entspanntes Studium. Wieso wollen denn so viele Philosophie studieren? Was macht man denn damit beruflich? Ich habe keine Ahnung, nur großes Interesse. Wunderbar finde ich an dem Fach, dass man sich Gedanken über Dinge machen kann, über die man sonst im Leben nicht nachdenken würde. Man ändert den Blickwinkel, das gefällt mir.

Ich verstehe nicht, warum ich wieder vermehrt Panikattacken bekomme. Vielleicht weil ich weit weg bin von meinem Elternhaus, zum ersten Mal richtig lang alleine in der Fremde? Ich habe Heimweh, fühle mich verlassen. Aber ich wollte doch nach Hamburg, knapp 800 Kilometer von meinem Heimatort im tiefen Süden entfernt!

Die »Angst vor der Angst«, die Furcht, wieder eine Panikattacke zu bekommen, schränkt mich immer mehr ein. Kim ist für mich da, sie begleitet mich, wenn ich mich nicht traue, alleine U-Bahn oder Bus zu fahren, und trifft sich mit ihrem Freund häufiger bei uns als bei ihm, um mich nicht alleine zu lassen. Sie unterstützt mich ganz selbstverständlich, das ist wunderbar.

Andere Freundinnen sind weniger verständnisvoll: Eines Abends radele ich mit einigen von ihnen zu einem Theaterstück auf Kampnagel. Leider bekomme ich dort eine heftige Panikattacke und will nach Hause, in Sicherheit. Ich verlasse die Vorstellung, lasse mein Rad stehen und nehme ein Taxi. Als ich meine Freundin Felicitas am nächsten Tag bitte, mit mir gemeinsam mein Rad abzuholen, macht sie sich über mich lustig, weil ich weder alleine mit der Bahn zu Kampnagel noch alleine mit dem Rad nach Hause fahren möchte. Ich bin traurig und schäme mich. Und ich verstehe sie auch ein bisschen, schließlich ist für Außenstehende schwer nachzuvollziehen, wie es mir geht. Schließlich begleitet mich Kim.

Jetzt will ich endlich den Ursachen für meine Angst an den Kragen. Irgendwoher muss dieser Mist ja kommen, und irgendwie muss ich ihn auch wieder wegkriegen. Für immer.

Ich weiß, dass es nicht unbedingt um das völlige Wiederwegkriegen geht, sondern vielmehr um das Mit-den-Ängsten-umgehen-Können. Dennoch denke ich nach wie vor, dass es gut ist, die Ursachen zu ermitteln. Bestimmt hängt meine Angst mit Stress zusammen. In Hamburg ist alles neu, ich komme vom Dorf, das hier ist eine Millionenstadt, an der Uni ist alles überfüllt, klar kann einem das zu viel sein. Und dann gab es in der Vergangenheit auch die eine oder andere Schockepisode, die mich in Angst und Schrecken versetzt hat. Und dieser Schreck sitzt mir anscheinend irgendwie immer noch in den Gliedern.

Denn warum bekomme ich bei Stress kein schönes Magengeschwür, eine amtliche Migräne oder wenigstens Haarausfall? Warum bekomme ich Angst und Panikattacken? Nun möchte man eigentlich auch keine Magenprobleme oder extreme Kopfschmerzen haben, klar, aber man kann ja vielleicht auch mal früh genug merken, wenn einem etwas zu viel wird. Und warum ist mir so schnell etwas zu viel? Oder, anders gefragt, warum ist meine Stressschwelle so niedrig wie das Niveau bei *Frauentausch*? Und warum merke ich nicht, wenn etwas verkehrt läuft, und halte ein? Warum brauche ich diese furchtbar zehrenden Panikattacken und Ängste, bevor ich irgendetwas an meinem Leben ändere?

Das also frage ich mich, und weil ich alleine nicht weiterkomme, mache ich mich auf die Suche nach einem Seelendetektiv. Heute in der Nachschau bin ich mir immer noch unsicher, ob das tatsächlich eine richtige Psychoanalyse war, die ich bei jenem Facharzt für Psychosomatische Medizin und Psychotherapie gemacht habe.

Das Setting ist klassisch: Ich liege, er sitzt an meinem Kopfende und ich kann ihn nicht sehen. Angenehm ist was anderes. Weiß ich denn, ob mein neuer Therapeut nicht *Basic-Instict*-gleich hinter mir schon seine Machete wetzt?

Trotzdem beginne ich in dieser Therapie, mich mehr mit meiner Angststörung auseinanderzusetzen. Herr Schrader-Wegeleit wird allerdings etwas ärgerlich, als ich beginne, Freud & Co. zu lesen, um mehr über meine Krankheit zu erfahren. Er erklärt mir, dass es der Therapie abträglich sei, wenn ich mich aus anderen Quellen informieren würde. Dabei tut mir das so gut! Zu lesen, dass meine Angst eine Krankheit ist, die andere auch haben! Ich bin damit nicht alleine, und nein, ich bin vor allem nicht vollkommen durchgeknallt.

Allerdings lese ich auch, dass das denkbar schlechteste Setting bei akuten Angststörungen die Patient-liegt-auf-der-Couch-und-dahinter-sitzt-der-Therapeut-Situation ist.

Im Lauf meiner Recherchen (ohne Internet! Ja, liebe Kinder, es hat auch eine Zeit ohne Internet gegeben! Und: ohne Handymobilfunktelefonapparate!) entdecke ich den »Angst-Papst« Jürgen Margraf und erfahre das erste Mal so richtig von einer oft angewandten Methode in der Verhaltenstherapie, nämlich der Konfrontationstherapie. Inhalt derselben ist, ähnlich wie ich das mit meiner Mutter und der Schule gemacht habe, mit dem Therapeuten in die angstbesetzte Situation zu gehen und sie auch mit großen Ängsten oder gar Panik auszuhalten und nicht zu flüchten. Hört sich erst einmal super an. Fallschirmsprung in einen Schlangenkrater, wer möchte das nicht? Dabei soll man merken, dass man eine Panikattacke (irgendwie) überlebt, dass sie von alleine vorbeigeht. Diese Erfahrung soll einen derart stärken, dass man die Ängste mehr und mehr verliert. Natürlich muss man dazu stetig üben. Schlussendlich kann man dann aber wieder alles alleine. Das kostet bestimmt jede Menge Überwindung, erscheint mir aber durchaus plausibel. Wenn ich mich von der Angst nicht mehr ins Bockshorn jagen lasse, hat sie wahrscheinlich irgendwann selbst keine Lust mehr und verzieht sich schmollend. So lautet zumindest der tröstliche Grundgedanke.

Obschon die Vorstellung von einer solchen Therapie ähnlich attraktiv erscheint wie ein FKK-Urlaub mit ihm, teile ich Herrn Schrader-Wegeleit meine Erkenntnisse mit und frage ihn, ob es überhaupt sinnvoll sei, bei meinen starken Ängsten eine Analyse zu machen: Wir wühlen in der Vergangenheit, und ich komme währenddessen im Alltag nicht zurecht. Meine panische Angst vor weiteren Attacken grenzt meinen Bewegungsradius immer mehr ein. Es kann ja sein, dass in meiner Kindheit einiges schiefgelaufen ist, aber ich kann nicht mal mehr in den Supermarkt, um Nudeln und Tomatensoße zu kaufen! Das ist doch existenziell! Manchmal schaffe ich es fast nicht zur Therapiesitzung vor lauter Angst, die Wohnung zu verlassen. An die Uni kann ich schon lange nicht mehr, und Kim hinterlässt mir immer ihre Telefonnummern, wenn sie außer Haus geht, damit ich mich sicherer fühle (Wir erinnern uns: Keine Handymobilfunktelefonapparate! Steinzeit! Manchmal schickt sie mir auch berittene Boten, wenn es später wird. Echt jetzt.). Und ich bin keine vier Jahre alt, sondern Anfang zwanzig!

Gut aufgehoben fühle ich mich obendrein nicht bei meinem Therapeuten. Ich weiß heute gar nicht mehr, warum ich mir ihn damals eigentlich ausgesucht habe. Vielleicht wollte ich ihm nicht wehtun, indem ich mich gleich wieder verabschiede. Trotzdem finde ich ihn irgendwie schmierig und habe bei unseren Sitzungen ständig das Gefühl, er drängt mich in eine Richtung, mit der ich gar nichts anfangen kann.

Als eines Tages mein Fahrrad morgens platt ist wie ein Pfannkuchen und kein anderes zur Verfügung steht, bin ich rad- und ratlos. Schließlich bestelle ich mir ein Taxi und komme zu spät zu meiner Sitzung. Herr Schrader-Wegeleit deutet mein Zuspätkommen milde lächelnd als Aversion gegen die Analyse, und ich kann ihn nicht von den wahren Ursachen überzeugen. Er ist sich sicher, dass ich ihm etwas verschweige und deshalb die Therapie boykottiere. Vielleicht hat mich mein Unterbewusstsein in eine Scherbe fahren lassen, damit ich nicht erzählen muss, dass ich damals nackt dieses Knäckebrot mit Dieter Bohlen … – lassen wir das.

Ich bin sauer. Ich habe Angst, verdammt noch mal! Und ich brauche Hilfe! Ich kann wirklich nicht von jedem immer Verständnis erwarten, aber mein Therapeut sollte doch in der Lage sein, mir nach einem Jahr wenigstens einen Lösungsweg aufzuzeigen, aus welcher Richtung Linderung meiner Beschwerden kommen kann. Er sollte mir helfen können, unbeschadet von A nach B zu kommen. Und bei B auch gerne zu sein.

Inzwischen habe ich durch meine Lektüre gelernt, dass bei Ängsten durch Verhaltenstherapie sehr schnell sehr große Erfolge erzielt werden können. Sie ist das Mittel der Wahl, wenn man hin und wieder Spaghetti mit Tomatensoße essen und studieren möchte. Bei der Verhaltenstherapie geht es nicht um die Kindheit, sondern hauptsächlich um das Erlernen bestimmter Techniken (außer totstellen), mit denen man besser mit einer Panikattacke umgehen kann: Man durchlebt sie, um dann festzustellen, dass keine Lebensgefahr besteht, was ihr im Laufe der Zeit die Bedrohlichkeit nimmt. So wie man manche Hits nach dem dreißigsten Mal Hören gar nicht mehr so schlimm findet.

Ich erkläre also Herrn Schrader-Wegeleit, dass ich als Hobbypsychologin eine Verhaltenstherapie, kurz VT, für besser geeignet halte, und frage ihn, ob er das genauso sieht. Schließlich hat sich mein Bewegungsradius in den Monaten der Analyse bei ihm nicht erweitert, sondern noch weiter eingeschränkt. Er geht nicht darauf ein – aber ein HSV-Fan würde ja auch nicht plötzlich die St.-Pauli-Fahne schwenken, nur weil ich ihm gesagt habe, dass ich die Kiezkicker besser finde.

Mein Tiefenpsychologe lächelt gnädig und erklärt mir, dass man das Übel ja an der Wurzel packen müsste, und übrigens hätte ich »Wurzel« gesagt, und wessen »Wurzel« ich denn damit meine. Ich kann ihm beim besten Willen nichts Wurzeliges erzählen, seit Wochen und Monaten kommt da nichts ans Tageslicht. Und meine Angst bleibt nicht nur, sie wird sogar schlimmer. Ich gehe praktisch nicht mehr aus dem Haus, unbegleitet schon gar nicht (es soll ja auch jemand meine Probleme mitkriegen, ist ja sonst langweilig), und Fortbewegung funktioniert nur mit dem Fahrrad und selbst damit nicht immer. U-Bahn und Bus sind des Teufels, nur erfunden, um mich umzubringen, Seminare und Vorlesungen an der Uni sind lebensgefährlich. Auch wenn es bedeutet, dass ich für den Moment ohne Therapeuten dastehe, storniere ich bei meinem jetzigen.

»Herr Schrader-Wegeleit, ich breche hiermit die Therapie mit Ihnen ab. Ich suche mir einen Verhaltenstherapeuten.«

Wissendes Lächeln beim Gegenüber: »Jaja. Das ist jetzt die Trotzphase. Wie aus dem Lehrbuch. Da muss jeder Patient durch. Und jeder Therapeut! Dann bis nächste Woche.«

»Nein, ich komme nicht wieder.«

»Mhm. Nächste Woche dann um vier, wie vereinbart.«

»Nein. Ich breche hiermit die Therapie ab.«

»Okay. Bis dann!« Er lächelt immer noch nachsichtig. Und macht mich wütend und bekräftigt meine Entscheidung. Was denkt der eigentlich? Dass ich keine eigene Meinung mehr habe? Oder ist diese Provokation auch gewollt? Vielleicht ist dieser Weg auch einfach der erste Schritt zu meiner Genesung.

Zum Glück finde ich schnell einen Therapeuten, der Verhaltenstherapie und Gesprächstherapie anbietet. Schluss mit der Wurzelsuche, ich versuche jetzt meine Symptome in den Griff zu kriegen. Schließlich möchte ich ja wieder zu einem vollwertigen Mitglied der Gesellschaft werden. Das klingt gut, finde ich. Mit Herrn Wiersch lerne ich wieder, U-Bahn zu fahren. Den eigentlichen Vorgang beherrsche ich ja theoretisch; vom Fahrkartenkauf über das Einsteigen bis hin zum Am-Ziel-wieder-Aussteigen, nur hatte ich inzwischen zu große Angst davor, dies auch in die Praxis umzusetzen. Nun ist es wie beim Fahrradfahren: Erst mit Stützrädern – zusammen in einem Waggon, dann er in einem, ich im anderen –, dann ganz ohne Hilfe: Ich fahre alleine. Es geht erstaunlich gut.

Dann kommt Fähre fahren dran. Diese ist in meinem Denken »schlimmer« als U-Bahn, weil man in Letzterer ja immerhin festen Boden unter sich hat und weiß, dass man in der allergrößten Not auch die Notbremse ziehen kann. Das kann ich auf dem Wasser nicht. Soll ich also immer ein Rettungsboot mit auf die Fähre nehmen? Oder ein Stand-up-Paddle-Teil? Wie sieht denn das aus?

Natürlich muss man nicht Fähre fahren können, aber einerseits ist es herrlich, wenn es einem keine Probleme bereitet, andererseits ist es wichtig, große Ängsten zu überwinden, denn dann sind kleinere nicht mehr ganz so schlimm. Und Fähre zu fahren, macht mir große Angst. Während der Fahrt fragt mich Herr Wiersch immer wieder, wie stark meine Angst ist auf einer Skala zwischen eins und zehn, während wir zwischen Landungsbrücken und Finkenwerder hin- und herfahren. Bald fahre ich alleine mit einer eins und winke ihm, während er am Steg auf mich wartet.

Nach ein paar Monaten bin ich komplett angstfrei. Ich mache sogar ein Flugangstseminar bei der Lufthansa, obwohl ich bis dato noch nie geflogen bin. Auch wegen der Angst, nicht jederzeit aussteigen zu können. Schließlich ist das in der Luft noch, wie soll ich sagen, schwieriger.

Als wir abheben, bin ich *airborn* und ausgelassen und fröhlich wie ein Flugsaurier. Ich kann fliegen! Überhaupt kann ich ALLES! Sogar glatte Wände hochgehen, einarmigen Handstand und Hemden bügeln.

Wieder erwarten mich »angstfreie« Jahre.

Die nutze ich, um mein Philosophiestudium an den Nagel zu hängen und Kabarett zu machen. Seit meiner Kindheit bin ich *Otto*-Fan, bewundere seine Fähigkeit, alleine ein riesiges Publikum zu unterhalten. Bald steht für mich fest: Ich möchte auch Komikerin werden! Ich schreibe also ein Kabarett-Comedyprogramm und finde einen Pianisten, der mich begleitet. Wir planen unsere Uraufführung in einer Kneipe in Hamburg Eppendorf, wo man uns sogar Plakate druckt, die wir zusammen mit Freunden wild in der Stadt aufhängen. Ja, mein Comedy-Debüt besteht gleich aus einem Zwei-Stunden Programm – damals war das noch nicht so, dass man erst einmal mit nur fünfzehn Minuten Programm durch die Mixed-Shows tingelte, es gab so was nämlich noch kaum. Die Premiere ist rappelvoll, es entstehen daraus weitere Auftritte, die wiederum weitere Möglichkeiten nach sich ziehen, eine Comedy-Agentur nimmt mich unter Vertrag, und so toure ich mit viel Vergnügen zehn Jahre lang durch Deutschland.

Ich habe Erfolg. Mit einigen Fernsehauftritten werden auch meine Bühnenshows immer zahlreicher, bis ich schließlich um die zwanzig Auftritte im Monat habe und kaum mehr zu Hause bin. Ich genieße es, immer neue, interessante Spielstätten kennenzulernen, freue mich auf bekannte Häuser und merke in dem ganzen Trubel gar nicht, dass das alles ein bisschen viel geworden ist. Vor allem, als die Trennung von meinem langjährigen Freund dazukommt, stecke ich mitten in der Krise.

Als ich eines Tages nach einem Auftritt im Zug nach Hause sitze, erwischt mich eine Panikattacke eiskalt. Ich bin völlig außer mir und spreche in meiner Not ein älteres Ehepaar, das mir gegenübersitzt, an: »Entschuldigung, ich habe Angst. Kann ich mich mit Ihnen ein bisschen unterhalten?« Die beiden sind sehr freundlich, und während ich ihnen von meinen Problemen erzähle, die ihnen vollkommen fremd sind, kann ich mich wieder beruhigen. (Später einmal werde ich einer Frau, die mich im Zug anspricht, auf ähnliche Weise helfen können. Sie fragt mich, ob ich ihr mein Handy leihe, weil sie ihren Mann bitten möchte, dass er sie an der nächsten Station abholt. Ich erkenne in ihr eine Angstpatientin, wir reden lange, und schließlich ruft sie ihren Mann nicht an und fährt alleine an ihr Ziel. Das freut mich sehr!)

Leider häufen sich die Panikattacken wieder, andere Ängste und depressive Gefühle übermannen mich, ich kann nicht mehr auftreten und mache, auch auf Anraten von Herrn Wiersch, den ich in dieser Zeit wieder aufsuche, eine Bühnenpause.

Damit aber niemand denkt, ich hätte sie nicht mehr alle, beschließen meine Agentin und ich, die Pause einen Burn-out zu nennen. Alle sind damit zufrieden und denken: »Ach, die Arme, jetzt mal ein paar Wochen unters Sauerstoffzelt, dann geht's weiter.« Damals wäre es mir noch viel zu unangenehm gewesen, mit meinen Ängsten an die Öffentlichkeit zu gehen. Meine Agentin und ich haben große Sorge, dass mich in Zukunft kein Veranstalter mehr bucht, wenn er hört, dass ich einen an der Marmel habe / nicht ganz dicht bin / einen Dachschaden habe / nicht mehr richtig ticke. Und auch sie kann mit der Zeit nicht mehr zu mir stehen und trennt sich von mir in einer Phase, in der es mir richtig schlecht geht und ich vor einem einzigen riesigen Scherbenhaufen stehe.

Ohne nun zu jammervoll klingen zu wollen: Der Abschied eines Agenten von seinem Künstler kommt einer Freigabe zur Adoption gleich – eine jahrelange, vertrauensvolle Zusammenarbeit geht nur, wenn man sich auch mag, und der Bruch dieser Geschäftsverbindung bedeutet für mich auch den Verlust einer vertrauten Person. Beziehung vorbei, Job weg, Agentin weg – schlimmer kann es wohl kaum kommen.

Ich kann nicht mehr schlafen, kann nicht alleine sein, habe nur noch Angst und keinen Appetit mehr, und Herr Wiersch empfiehlt mir einen Psychiater, der mir Tabletten verschreiben soll. Ich nehme Beruhigungstabletten für tagsüber, Schlaftabletten für nachts und ein angstlösendes Antidepressivum, dass ich mich nur zu nehmen traue, weil ich gleichzeitig die Beruhigungstabletten einnehme. Weil sie mich nicht alleine lassen wollen, ist erst meine Mutter vier Wochen bei mir, danach löst sie mein Vater für weitere sechs Wochen ab. Nachdem ich meine Angst vor ihnen überwunden habe, freue ich mich jeden Abend auf meine Schlaftabletten, weil sie mich ausknocken und ich nichts mehr mitbekomme.

Die Ruhe, die Gesprächstherapie bei Herrn Wiersch und auch die Tabletten sorgen dafür, dass ich nach ein paar Monaten wiederhergestellt bin.

Meine Ex-Agentin hat noch ein Weihnachtsgeschenk für mich: eine neue, richtig tolle Agentin! Die Übergabe verläuft freundschaftlich problemlos, und ich komme mit meinem Best-of-Programm *Ten Years Laughter* zurück auf die Bühne, in dem ich meine Lieblingsnummern der vergangenen Dekade präsentiere.

Die nächsten Jahre bin ich wieder – weitestgehend angstfrei und vergnügt – auf deutschen Bühnen unterwegs.

WARUM GERADE JETZT?

Seit einiger Zeit bin ich Single, genieße das mal mehr, mal weniger, küsse ab und zu einen Frosch, der sich aber leider nicht verwandelt. Mein Beruf macht mir Spaß, ich bin viel auf Tour und arbeite an meinem zweiten Roman.

Und es beginnen schlimme Zeiten, wie aus dem Nichts stellt sich mein gesamtes Leben auf den Kopf. Natürlich kündigen sich fürchterliche Ereignisse nicht an.

Es kommt wohl sehr selten vor, dass man im Vorwege Post erhält: »Ein schreckliches Ereignis steht ins Haus, vermutlich ist es im September so weit, bitte halten Sie sich bereit!« Das passiert vielleicht, wenn man Horoskope liest. Die lese ich auch, ich glaube sie aber nur, wenn etwas Gutes drinsteht, wie etwa: »Heute kommen Sie bei Ihren Freunden sehr gut an, und auch Fremde werden Ihnen hinterherschauen«, oder so. Schlechte Nachrichten vergesse ich sofort.

Diese Nachricht nicht. Aber sie ist auch nicht aus einem Horoskop in der *Brigitte*, sondern kommt aus dem Telefon. Am anderen Ende der Leitung ist meine Mutter: »Ich habe Krebs«, sagt sie und erschreckt mich fürchterlich. Aber nur kurz. Worte wie »sterben« oder »Tod« kommen mir nicht in den Sinn. Meine Mutter ist schließlich erst siebzig! Und ich vierzig!

Als Kind habe ich immer gedacht, falls meine Eltern irgendwann sterben müssten (was ja sowieso schon sehr unwahrscheinlich war), wäre ich dann so alt und erwachsen, dass mir das nicht mehr viel ausmacht.

Da habe ich mich getäuscht, ich bin noch lange nicht so weit und werde es vielleicht nie sein.

Zunächst kann ich die belastenden Gedanken sehr gut verscheuchen. Wie viele Menschen überleben Krebs heutzutage! Eine Freundin meiner Mutter hatte immer wieder an einer anderen Stelle Krebs, hat ihn jedes Mal überwunden und reist heute noch quietschvergnügt durch die ganze Welt. Eine Nachbarin meiner Eltern hat sich auch von der Chemotherapie wieder gut erholt, eine andere ihrer Freundinnen gilt seit Jahren wieder als geheilt – und so machen wir's mit meiner Mutter auch! Meine Mutter, rheinische Frohnatur, das Stehauffrauchen, die liebste, beste Ma der Welt, wird den Krebs besiegen, daran besteht für mich kein Zweifel!

Die ganze Tragweite ihrer Erkrankung wird mir anfangs überhaupt nicht bewusst, ich blende aus, dass ihr Tod näher ist als je zuvor. Das ändert sich auch in den nächsten Wochen nicht, als sie sich, während ich auf Tour bin, immer wieder Operationen, Chemotherapie und Bestrahlungen unterziehen muss. Zwischen den Auftritten besuche ich sie. Oft reise ich überstürzt zu meinen Eltern, weil es ihr plötzlich schlechter geht, und dennoch bin ich überzeugt davon, dass sie es schaffen wird. Als sie eine gefährliche Hirnblutung bekommt, sage ich einen mehrtägigen Auftritt mit meinem Soloprogramm im *Quatsch Comedy Club* Berlin ab, für den ich in diversen Radio- und Fernsehsendern und Printmedien Werbung gemacht hatte. Immer wieder sage ich etwas ab, verschiebe Termine und bin dennoch viel zu wenig bei ihr. Mein doofes Pflichtbewusstsein und der Wunsch, bei meiner Mutter zu sein, stehen sich im Weg und verursachen bei mir große Anspannung.

Irgendwann geht es ihr zum Glück wieder besser, mein Vater und ich atmen auf, es scheint fürs Erste überstanden, aber nach einer kurzen Verschnaufpause geht es wieder bergab.

Es geht hin und her zwischen Hoffnung und Angst, ich gewöhne mir an, niemals kürzer als drei Stunden vor dem Auftritt meinen Vater anzurufen, weil ich die Zeit brauche, um mich wieder zu berappeln und auftreten zu können.

Ist es naiv, wenn ich mich darüber freue, dass meine Mutter und ich ein paar Schritte zusammen in die Sonne gehen können? Ist es egoistisch, wenn mein Vater und ich ihr zuraten, ihr Gehirn bestrahlen zu lassen?

Einmal fragt sie einen befreundeten Psychiater, sie habe gehört, Nierenkrebs bekomme man häufig nach einem großen Schicksalsschlag, was er denn dazu sage? Er weiß, dass sie vom Tod meines Bruders spricht. Er starb mit sechsundzwanzig Jahren bei einem Verkehrsunfall. Aber der Psychiater bleibt ungenau mit seiner Antwort.

Die onkologische Abteilung im Krankenhaus ist voll mit Patienten. Meine Mutter ist wichtig, sie soll nicht wie eine von vielen behandelt werden! Aber es gibt die Behandlung, die man eben macht in ihrem Fall: Chemotherapie und Bestrahlung. Ich will für sie da sein, rasiere ihr die letzten Büschel Haare ab, kaufe flotte Strickmützchen und komme mir gleichzeitig so seltsam vor in der Rolle derjenigen, die doch immer sie gespielt hat: Die, die sich um mich kümmert, die für mich da ist. Ich habe das Gefühl, gar nicht richtig für sie da sein zu können. Weil ich es ja bin, ihr Kind. Weil es scheint, als könne ich nicht das leisten, was nur eine Mutter kann. Aber ich bemühe mich.

Die Chemotherapie setzt ihr zu, sie ist zu schwach zum Duschen, möchte es aber gerne. Doch selbst mit einem Hocker traut sie sich es nicht zu. Kurzerhand ziehe ich mich aus, gehe mit ihr zusammen unter die Dusche und wasche sie. Es ist schön, dass wir so ein unverkrampftes Verhältnis haben, dass das ganz selbstverständlich geht. Aber warum auch nicht, schließlich war ich einmal zehn Monate in ihrem Bauch, auch wenn das schon einige Zeit her ist.

Schließlich sage ich dem Pflegedienst, dass ich mich alleine um meine Mutter kümmere. Während des Studiums habe ich in der ambulanten Altenpflege gearbeitet, davor, nach dem Abi, sogar ein halbes Jahr im Krankenhaus als Pflegehelferin.

Die Gehirnbestrahlung hat einige Schäden angerichtet, meine Mutter ist nicht mehr ganz bei sich. Ich hoffe, dass das reparabel ist, und versuche, mit ihr Gedächtnistraining zu machen, kaufe Bücher und mache Übungen mit ihr.

Es zerreißt mich, ich bin unruhig und angespannt: Ein schlechtes Gewissen habe ich, wenn ich Auftritte verschieben oder absagen muss. Gleichzeitig habe ich bei jedem Auftritt das Gefühl, vollkommen fehl am Platz zu sein. Endlich entscheide ich mich dafür, auf unbestimmte Zeit bei meinen Eltern zu sein, denn mich drängt es zu ihr, obschon ich bis drei Tage vor ihrem Tod immer noch felsenfest davon überzeugt bin, dass sie nicht sterben wird. Ist das mein blöder Egoismus? Weil ich es will, soll diese geschundene Frau mit ihren hoch dosierten Schmerzmitteln und Metastasen überall und mit eingeschränkten Gehirnfunktionen leben? Ist das überhaupt noch ein Leben?

Sie spricht kaum noch, das Einzige, was sie sagt, ist: »Schön. Das ist schön. Wunderschön.« Dabei lächelt sie. Ist das das Morphium? Oder findet sie wirklich noch mal etwas schön? Sie ist so weit weg von mir, ich fühle mich so alleingelassen.

Inzwischen ist kein Auftritt mehr wichtig genug, dass ich ihn nicht auch absagen könnte. Ich bin bei ihr und merke, dass ich mit ihrer Pflege überfordert bin. Das macht mich traurig, ich will doch ganz für sie da sein. Ich schrecke vor keinen Pflegemaßnahmen zurück, aber bei ihr ist alles doppelt so anstrengend, vielleicht, weil es mich auch doppelt so sehr mitnimmt. Meine Mutter so zu sehen, nichts dafür tun zu können, dass sie wieder gesund wird, die ständige Sorge um sie, mein hilfloser Vater – das alles macht mich einfach fertig. Nach ein paar Tagen rufe ich den Pflegedienst wieder an. Meine Kräfte will ich mir doch für andere, schöne Dinge mit ihr aufsparen, dafür, einfach bei ihr zu sein, ihr etwas vorzulesen, sie zu füttern, ihre Hand in meiner zu halten.

Dankbar bin ich für die Zeit, die ich mit ihr noch habe. Ich weiß nicht, wie viel sie davon mitbekommt, aber ich glaube fest daran, dass es eine Menge ist. Als sie eines Tages Besuch von einer lieben Freundin bekommt, können wir deren mitgebrachten Kuchen sogar draußen auf der Terrasse essen.

Wenn ich sie mir so anschaue, mit ihrem eingefallenen Gesicht, der grauen Haut, beginne ich ganz allmählich zu begreifen, dass es tatsächlich bald so weit sein könnte: Meine Mutter wird in den nächsten Tagen sterben. Und obschon weder sie noch ich wirklich etwas davon haben, möchte ich, dass es noch lange dauert bis dahin.

Mein Onkel – ihr Bruder – und seine Frau kommen, als sie hören, dass sie nicht mehr lange leben wird. Natürlich ist sie inzwischen mit sehr starken Schmerzmitteln vollgepumpt, die ihr vielleicht angenehme Träume verschaffen. Ich bin viel bei ihr, lese vor, meine Tante auch. Wir lesen Khalil Gibrans *Der Prophet*. Sie soll wissen, dass wir da sind. Ich sage ihr, wie lieb ich sie habe, immer wieder, streichle ihre Wangen, halte ihre Hand. In der Zeit bei ihr habe ich keine Kraft, traurig zu sein. Ich verwende all meine Energie auf sie, ihr Kraft zu schicken, ihr zu vermitteln, dass sie geborgen ist, dass wir da sind. Ich bin müde und erschöpft. Wie müde und erschöpft muss sie erst sein? Ich weiß nicht, wie tapfer sie gekämpft hat.

Von meiner Freundin Gabi, die mir in dieser Zeit sehr zur Seite steht und viel bei uns ist, erfahre ich, dass meine Mutter schon vor Monaten zu ihr gesagt hat, sie sei froh, dass ihr die Zeit in einem Altersheim erspart geblieben ist. Das erschreckt mich. Hat sie sich schon vor Monaten aufgegeben und die ganzen Operationen, Bestrahlungen und Chemotherapie-Behandlungen nur für uns gemacht? Und eigentlich schon längst gewusst, dass sie sterben wird?

Ich finde nicht, dass ein Mensch um sein Leben kämpfen muss. Das darf jeder selbst entscheiden. Klar wünschen wir Angehörigen uns das. Aber letztendlich handelt es doch allein um das Leben des Todkranken.

Immer wieder bin ich sehr traurig, vermisse sie, aber meist bin ich einfach da, und die Angst zeigt sich nur manchmal, vor allem, wenn ich nicht bei ihr bin. Ich telefoniere mit Ärzten, Freunden und Verwandten, habe eine Standleitung zu einem guten Freund, einem Arzt in der Charité, kümmere mich mit meinem Vater um Medikamente, eine neue Matratze, Windeln und den Haushalt und versuche, so gut wie möglich, meiner Mutter beim Sterben zu helfen. Die Angst versteckt sich meist gut hinter dem Beschäftigtsein, dem Besorgtsein.

Eines Abends will mein Vater zur Chorprobe. Ich bleibe mit Onkel und Tante bei meiner Mutter. Lasse José Carreras, den sie so liebt, im CD-Spieler laufen, lese vor. Ab und zu benetze ich mit einem Wattebausch, der in Rosé getränkt ist, ihre Lippen. Sterben macht anscheinend einen trockenen Mund. Die Pflegerin hatte uns darauf hingewiesen, dass wir ihr die letzten Stunden auch mit etwas Leckerem zu trinken versüßen können.

Wir wechseln uns ab. Sie wirkt unruhig, weiter weg als sonst. Manchmal stöhnt sie. Wie mit der Palliativpflegerin besprochen, gebe ich ihr eine Morphiumspritze. Ich sitze an ihrem Bett und sage ihr, dass sie ruhig gehen dürfe, wenn sie es wolle. Dass mein Vater und ich ohne sie klarkommen. Ich möchte nicht, dass sie das Gefühl hat, noch für uns da sein zu müssen. Ich bin zwar nur zum Teil davon überzeugt, dass es ohne sie weitergeht, aber ich will stark sein. Nicht sie soll kämpfen, ich kämpfe. Ich kämpfe mit mir, sie loszulassen.

Als mein Vater von der Chorprobe wiederkommt, sagt er, ich könne ins Bett, er halte Wache, heute Nacht sterbe sie noch nicht. Ich rate ihm, er solle ihr alles sagen, was er sie noch wissen lassen möchte, auch wenn er nicht das Gefühl habe, sie registriere es, bin ich mir sicher, dass sie es höre.

Obschon ich davon ausgehe, dass ich kein Auge zukriege, lege ich mich hin. Onkel und Tante sind schon längst im Bett.

Sofort schlafe ich ein. Um halb zwei weckt mich mein Vater, um mir zu sagen, dass meine Mutter tot ist. Er hatte bei ihr gelüftet, war kurz rausgegangen, und als er wieder zu ihr kam, war sie gestorben. Wir wecken Onkel und Tante, sie nehmen Abschied. Ich schenke uns von dem Roséwein ein, lege ihr eine Rose zwischen die Hände, und wir prosten ihr zu und verabschieden uns von ihr. Ihr Bruder bleibt lange bei ihr sitzen.

Auf ihren Tod folgen Tage der Geschäftigkeit, die Angst hält sich weiter im Verborgenen. Keinen Gedanken verschwende ich an sie. Der Pfarrer kommt zur Letzten Ölung und sorgt für einen Comedy-Moment, als er mit meinem Vater und beide mit zwei dünnen Stimmen ein letztes Lied für meine tote Mutter anstimmt, das sich so furchtbar und zugleich unfreiwillig komisch anhörte, dass ich mich richtig beherrschen muss, um nicht laut loszulachen. Vielleicht ist es auch eine Art Übersprungshandlung, und ich hätte es nicht ausgehalten, wenn ich es nicht lustig gefunden hätte mit dieser besonderen Art der Lustigkeit, einer kopfschüttelnden Das-glaub-ich-gerade-nicht-Lustigkeit. Ich glaube, meine Mutter hätte den Gesang auch lustig gefunden.

Genauso verhält es sich auch mit dem Bestatter, der dann kommt. Herr Lortz ist in meinem Alter, kommt forsch die Treppe hinauf, auf der ich ihm entgegengehe, und kondoliert. Er sieht mich an, als komme ich ihm bekannt vor. Das fragt er mich dann auch in breitem Schwäbisch: »Saget Sie, kenn i sie irgendwoher?« Ich verneine.

»Doch, Sie kommet mir bekannt vor! I han sie schomml irgndwo gsäh.« Natürlich könne es sein, dass wir uns in meinem – zwar ziemlich großen, aber doch – Heimatdorf mal irgendwo über den Weg gelaufen sind, sage ich zu ihm.

»Noi, irgendwo andersch. Machet Sie äbbes im Pfrnsäh (Fernsehen)?«

Kurz erkläre ich ihm, dass ich Komikerin bin und dass es schon sein kann, dass er mich da irgendwann mal gesehen hat.

Er strahlt.

Zusammen mit meinem Vater klären wir dann, was es zu klären gilt. Als er später wiederkommt, um den Leichnam meiner Mutter abzuholen, lacht er mich an: »I wois wieder, woher i sie kenn! Ausm Pfrnsäh, wo sie des sexy Liedle gsonga hend!« Der Geburtstag vom *Quatsch Comedy Club*, erinnere ich mich, ich habe in meiner Figur der Synchronsprecherin Elke Schmidt auf Marilyn-Monroe-Art *Happy Birthday* gesungen. Herr Lortz ist auch ganz happy: »Jo, genau! Dees war luschdig!«

Plötzlich fällt ihm ein, warum er hier ist, ganz Profi senkt er den Kopf und bemerkt: »I hol jetzt Ihr Muddr. Mei herzliches Beileid nomml.«

In einer Mischung aus Unglauben und Freude an der skurrilen Situation – und nach einem kurzen gedanklichen Zwiegespräch mit meiner Mutter, in dem sie mir die Absurdität dieses Moments versichert und ihn auch sehr lustig findet – berichte ich meiner Freundin Gabi, die auf der Terrasse auf mich wartet, von der Begebenheit, und die ganze Anspannung und Trauer der letzten Tage und Stunden entlädt sich in einem großen Lachanfall. Das ist comic relief at it's best.

Während dieser ganzen Zeit, zehn Monate von der Krebsdiagnose bis zum Tod meiner Mutter, habe ich immer mal wieder leichte Panik auf der Bühne, schreibe das aber der Belastung durch ihre Krankheit zu. Ich finde es nicht ungewöhnlich, dass es mir nicht Bombe geht, wenn meine Mutter unheilbar krank ist. Nach ihrem Tod wird es allerdings nicht richtig besser, eher im Gegenteil.

Es kommt mir so vor, als hätte ich überhaupt keinen Halt mehr im Leben. Ich vermisse die Geborgenheit, die sie mir immer gegeben hat, seit ich ein kleines Kind war. Natürlich bin ich heute eine erwachsene Frau, erfolgreich in meinem Beruf, ich habe eine Wohnung, Freunde und ein 1a-Fahrrad, aber dennoch hatte ich bis zu ihrem Tod immer diese zutiefst beruhigende Verbindung zu meiner Mutter, dieses Gefühl der absoluten Sicherheit und Geschütztheit.

Die Gewissheit, wenn alles den Bach runtergeht – man kann nach Hause, man wird aufgefangen. Vielleicht braucht man das als Erwachsener gar nicht mehr, vielleicht sucht man sich das in seiner eigenen Familie. Für mich war dieses unsichtbare Band zu meiner Mutter immer unabdingbar, um mich geborgen zu fühlen, sicher und beschützt, auch wenn sie die meiste Zeit 800 Kilometer entfernt war. Mit ihrem Tod ist es durchgeschnitten. Eigentlich schon davor, so seltsam das klingen mag, ich war manchmal fast ein bisschen eingeschnappt, wie sie sich durch ihre Krankheit von mir abgewendet hat. Sie hat mit diesem Gesterbe ihr eigenes Ding durchgezogen und mich, ihr Kind, einfach alleingelassen und meine Wurzeln gekappt.

So fühle ich mich. Voll die Ego-Nummer, ich weiß, aber ich fühle mich mutterseelenallein – bin ich das nicht auch?

Es war zu früh, aber ist der Tod der Mutter nicht immer zu früh? Egal, wann er eintritt? Oder kann man irgendwann erwachsen genug sein, um ihn zu verkraften?

Ich leide und irrlichtere ungeerdet durch mein Leben. Kein Wunder, dass sich wieder Panikattacken eingestellt haben. Und sie haben noch jemanden mitgebracht.

Jemanden, der meinen Alltag ab sofort noch komplizierter macht. Denn er macht meine Ernährungsweise zu einem echten Aufreger. Wie das? Es gibt, und damit erzähle ich nichts Neues, Vegetarier, Veganer, Flexitarier, Frutarier – habe ich jemanden vergessen? Ach ja, und die Normalen.

Ich gehöre nun zur Gruppe der (von mir) so genannten Solo-Vegetarier, die sich zwar vegetarisch ernähren, dies aber nur können, wenn ja niemand dabei is(s)t. Alleine.

Ich esse gerne.

Alleine.

Es schmeckt mir nach wie vor. Und man kann sich vorstellen, dass ich zu Hause, etwa alleine vor dem Fernseher, ganz gut nachessen kann, was ich unter Leuten nicht geschafft habe. Ich habe also nicht abgenommen und kann Solo-Vegetarismus nicht als Diät empfehlen. Leider. Außerdem gehen Süßigkeiten ja sogar manchmal auch in Gesellschaft. Ein Stück Nougattorte, langsam, Stückchen für Stückchen am Gaumen zerdrückt, ist meist relativ unproblematisch.

Die neue Angst schleicht sich ganz behutsam an: Schon seit einiger Zeit habe ich mehr als nur Lämpchenfieber auf der Bühne. Oft stehe ich da oben und bekomme plötzlich Panik. Ausgerechnet auf der Bühne! Dem Ort, an dem ich mich bislang stets mutiger und selbstbewusster erlebt habe als im Alltag! Jetzt kämpfe ich mich Szene für Szene durch mein Programm, immer im Hinterkopf die einzelnen Nummern abhakend: »Noch vier bis zur Pause; das Lied kann ich abkürzen, noch drei, nur noch zwei, jetzt ist gleich Pause, dann hab ich's erst mal geschafft, mal gucken, wie es dann weitergeht.« Das heißt aber nicht, dass ich deswegen schludere. Oh nein, ich möchte natürlich trotzdem mein Bestes geben, und meistens klappt das auch.

Zu der Zeit gehe ich also in etwa so locker durchs Leben, als hätte ich jeden Tag eine Abiturprüfung und mich noch auf kein einziges Fach vorbereitet. Mein Leben ist eine einzige Fahrt durch die Geisterbahn, nur bin ich zu Fuß unterwegs. Ich brauche Hilfe und melde mich wieder bei Herrn Wiersch.

Und in dieser Zeit lerne ich bei einem Gala-Auftritt bei einer Firmenfeier meinen zukünftigen Freund kennen. Wie es meine Art ist, scanne ich während der Show mein Publikum. Bei ihm bleibt mein Blick hängen, und ich werfe ihm nach der Show meinen Hotelschlüssel zu. Da der Auftritt im Übernachtungshotel stattfindet, dessen Name auch auf dem Schlüssel steht, steht nichts im Wege, den tollen Typen zu vernaschen.

Wer findet den Fehler? Richtig, die meisten Hotels haben keine Schlüssel mehr, und die kleinen Plastikkarten lassen sich schlecht werfen. Außerdem haben wir Komikerinnen (im Gegensatz zu unseren männlichen Kollegen) praktisch nie Groupies. Und wenn, dann meist gruselige. Ich erinnere mich an die gepflegte Dame, die mir eines Abends in einem Theater irgendwo in der Provinz ihren Mitte 30-jährigen Sohn entgegenschob mit den Worten: »Der René hat alles von Ihnen! Ihre CDs und Bücher, und er war auch schon ganz oft in ihrem Programm, jetzt will er noch ein Autogramm, gell, René?« Ich war froh, dass seine Mutter dabei war. Vielleicht hätte er mich ohne sie abgeleckt oder versucht, mir die Haare zu flechten.

Tolle Groupies also? Fehlanzeige!

Aber wie ist das eigentlich überhaupt bei berühmten weiblichen Künstlern? Haben sie Groupies? Oder machen die sich für eine Taylor Swift nicht zum Obst? Wenn ich mich mit Kolleginnen unterhalte, bemängeln alle, dass sie kaum mal von interessanten Männern nach der Show angesprochen werden. Außer vom Veranstalter. Und ich glaube, dass wir auch einfach froh sind, wenn wir unsere Ruhe haben und nach zweieinhalb Stunden Bühne ins Hotel können. Alleine. Mir geht es jedenfalls so. Auch bei dieser Veranstaltung.

Ich hatte mich nach dem Auftritt auf die Ruhe im Hotelzimmer gefreut. Weil aber zufällig eine gemeinsame Bekannte an dem Abend auch da ist, werden mein designierter Lebensgefährte und ich einander vorgestellt und kommen ins Gespräch. Ich finde ihn toll, lustig, lieb, und er gefällt mir. Leider lebt er in Nürnberg und ich in Hamburg. Wochenlang mailen wir uns lange Briefe und verabreden uns schließlich in Nürnberg, wo ich im wunderbaren Burgtheater spiele.

Wir treffen uns zum Frühstück in meinem Hotel. Nur er, mein Mr. Right, und ich. Noch weiß ich nicht, ob er mich genauso toll findet wie ich ihn, bin aber ganz guter Dinge, schließlich verbringen wir fast das ganze Wochenende zusammen, bis auf die Nächte. Es ist noch kein Kuss gefallen, aber wir reden, lachen und irgendwie flirten wir auch. Ich bin natürlich aufgeregt, will ich doch einen guten, wenn nicht sogar überwältigenden Eindruck machen.

Mein Hotelschlaf war noch nie der beste, zu der Zeit könnte man ihn gut und gerne als miserabel bezeichnen. Meine Agentin pflegt damals nicht zu fragen, WIE ich geschlafen habe, sondern: »HAST du geschlafen?« In der Nacht vor unserem Frühstück schlafe ich praktisch gar nicht vor lauter Aufregung. Am nächsten Morgen haben meine Augenringe Augenringe. Aber meinen Tischherrn scheinen sie nicht zu stören.

Wir unterhalten uns gut, er ist sehr witzig und interessiert und erzählt mir gerade von einer Band namens *Betontod*, auf deren Konzert er kürzlich war. Mitten im Gespräch verschlucke ich mich plötzlich an einem Brötchen. Sofort werde ich panisch, und anstatt zu husten, ringe ich um Luft. Mein Freund-to-be guckt mich freundlich an. Vielleicht denkt er, ich mache für ihn eine kleine Slapstickeinlage. Eine exquisite kleine Zugabe zum Programm am Vorabend. Todesangst bei mir: Jetzt ist es aus, ich ersticke, Hilfe! Ich reiße meine Arme hoch, weil mein Vater mir als Kind immer eingeschärft hat, dass das das Mittel der Wahl ist, wenn man zu ersticken droht, dadurch wird die Luftröhre frei. Anscheinend nicht immer. Mein Schwarm guckt immer noch freundlich.

Irgendwie presse ich ein »Verschluckt!« heraus, und endlich kommt er um den Tisch herum und klopft mir ein paar Mal auf den Rücken, das Brötchenteil löst sich, und ich kann wieder atmen. Der Schreck sitzt tief, ich erkläre der freundlichen Kellnerin, dass ich mich verschluckt habe, und sie sagt in mildem Fränkisch: »Des kann amal bassiern.«

Natürlich kann ich zu dem Zeitpunkt dem Mann nicht erklären, was mit mir los ist. Ich drehe innerlich am Rad, zittere und sage nur: »Ich habe mich ein wenig erschreckt.« Er guckt weiterhin freundlich. Den Rest des Tages verbringen wir auch zusammen, bis ich abends auftreten muss. Ich schiebe das Erlebnis weg, aber tatsächlich hat mich diese eigentlich ja nicht riesenungewöhnliche Situation nachhaltig erschreckt.

In der folgenden Nacht schlafe ich wieder schlecht, rede mir zwar immerzu ein, dass so etwas tatsächlich einfach mal passiert, komme aber nicht wirklich darüber weg. Irgendwo tief in meiner Seele setzt sich Angst fest, die Angst, mich zu verschlucken und daran zu ersticken. Oder ist es nicht vielmehr die Furcht, dass ich, wenn ich mich verschlucke, so sehr in Panik gerate, dass ich nicht huste und dann ersticke? Alles andere wäre für mein verknotetes Hirn doch zu banal.

Als ich wenige Monate später mit meinem Freund richtig zusammen bin, glücklich und verliebt, merke ich, dass es manchmal schwierig ist zu essen, wenn er dabei ist. Erst beobachte ich das nur und staune, denn das war nie ein Problem für mich.

Eines Abends soll ich ein paar seiner Freunde kennenlernen – wir verabreden uns mit ihnen zum Essen. Kurz davor spreche ich aus, was ich in dem Moment empfinde, wofür ich mich aber gleichzeitig auch schäme: Ich würde sie gern kennenlernen, nur nicht beim Essen. Vielleicht hinterher, auf ein Getränk? Dass mir das Trinken nicht wesentlich leichter fällt, daran denke ich in dem Moment nicht. Mein Freund fragt nicht nach, warum. Wir gehen später hin, und ich quäle mich durch ein – wohlgemerkt wohlschmeckendes – Weizenbier, jeden Moment mit dem schlimmsten rechnend.

Et voilà, – die Phobie ist geboren! Willkommen, bienvenue, welcome! Schließlich reichte die »normale« Angst ja anscheinend nicht mehr. Sie hat nichts bewirkt, ich habe ja trotz ihr weitergemacht, so gut es ging. Eine ganze Weile hat sich meine Seele das angeguckt. Und dann hat sie sich gesagt: »Wotzefack? Ich inszeniere hier einen Weltuntergang nach dem anderen, aber Madame hüpft weiterhin fröhlich auf die Bühne! So nicht, mein Frollein, so nicht! Hm, mal sehen, was könnten wir denn noch draufsetzen? Wo habe ich denn meine Angstliste … Ah, hier! Angst vor Australien? Hm, kommt zu selten vor. Oder lieber Angst vor dem Papst, Papaphobie? Aber mit dem hat man ja auch nicht so häufig zu tun. Vielleicht eine Alliumphobie, Angst vor Knoblauch? Das hört sich doch gut an! Und muss für sie sehr schmerzhaft sein … Oh, Moment, was ist das? Die Angst, in Gegenwart anderer etwas zu essen oder zu trinken! Das nehme ich. Das kann schön stören. Und verwirrt auch angemessen. So, meine Liebe. Du bist zum Essen eingeladen!«

Vielen Dank. Nett gemeint, aber: Verpiss dich!

Ab jetzt wird vieles sehr, sehr kompliziert. Essen und Trinken – wenn man es nicht mehr kann, fällt einem erst so richtig auf, wie oft man es tun muss: Kaffee trinken, Essen gehen, Eis essen gehen, Geschäftsessen, Osterbrunch, Sonntagsfrühstück, Glühweintrinken, Geburtstagsfeier mit Anstoßen, Grillen, auf ein Bier mit einem Kumpel. Ja, gern, aber ohne Bier. Und dazu kommen noch die Gelegenheiten, bei denen man unterwegs einfach Hunger oder Durst hat.

»Und nach dem Soundcheck gibt's für alle was Warmes zu essen!« Oje. Und ich?

Mitgebrachtes Brötchen auf der Künstlertoilette

Meetings mit Verlagen bei einem schönen Mittagessen: Nichts für mich. Ich lasse mir stets neue Ausreden einfallen: »Ich habe schon gegessen, habe Magen-Darm, mir ist nicht wohl, ich faste gerade, so viel gefrühstückt, Ihr Vertrag ist mir auf den Magen geschlagen« – und so weiter und so fort. Meine Kreativität kennt keine Grenzen. Und dabei habe ich oft Hunger. Mit der Zeit werde ich routinierter, ohne Wasserflasche gehe ich nicht mehr aus dem Haus, damit ich in irgendeinem stillen Eckchen etwas trinken kann, und ohne Banane und Kekse auch nicht, falls ich Hunger habe und ein einsames Plätzchen finde.

Mein Freund schenkt mir eine Bananenbox. Eine Tupperdose in entsprechender Form, in die genau eine große Banane passt. Das ist sehr lieb gemeint, dennoch macht mich das Geschenk auch etwas traurig, denn eigentlich will ich gar nicht immer Bananen essen, sondern mit anderen Menschen am Tisch sitzen und Pommes und Nudeln und Brokkoli verspeisen und Spaß daran haben. Ich vermeide also wann immer es geht das Essen und Trinken mit anderen. Das macht einsam.

Wenn ich richtig Stress habe und viel auf Tour bin, kann ich in den Pausen zu Hause nicht einmal mit meinem Freund zusammen essen. Immer öfter kommt es nach dem gemeinsamen Kochen von Linsensuppe, Wirsinglasagne oder Nudeln mit Tomatensoße und sehr viel Knoblauch dazu, dass ich alleine in der Küche vor mich hin mümmele und er mit seinem Teller im Wohnzimmer sitzt.

Ich erinnere mich an ein sehr trauriges Silvester, als wir zusammen eine unserer Leibspeisen – Spaghetti mit Gambas und Cherrytomaten (natürlich auch mit einer halben Knolle Knoblauch) – gekocht haben und es mir verwehrt war, das zusammen mit meinem Schatz am festlich gedeckten Tisch zu mir zu nehmen. Wütend bin ich und frustriert. Anstoßen mit Sekt? Geht. Aber den Sekt dann auch trinken geht nicht. Dabei ist doch Silvester! Frustriert beschließe ich, mich zu freuen, dass ich wenigstens alleine etwas essen kann.

Schon während der Erkrankung meiner Mutter hatte ich mir ab und zu Unterstützung von Herrn Wiersch geholt, er ist inzwischen zu einer Art Coach geworden, der mein Leben begleitet. Jetzt aber merke ich, dass ich etwas mehr brauche als ab und zu ein gutes Gespräch, ich benötige für meine Probleme eine »richtige« Therapie.

Natürlich googele ich nach dieser bizarren Angst. Und mir fällt ein Bericht der Ruhr-Uni Bochum in die Hände, eine Fallstudie, genauer gesagt. Darin geht es einer Frau offenbar ganz ähnlich wie mir. Erst einmal ein freudiges »Jippie!« bei mir. Ich bin mit dieser eigentümlichen Macke nicht alleine! Es gibt noch mindestens eine Person, die niemanden in der Öffentlichkeit mit Schmatzgeräuschen belästigt!

Diese Frau, nennen wir sie Frau S. (»S« wie »Schluckspecht«), übt mit ihrer Therapeutin. Sie machen das, was viele Unwissende einfach als »zusammen essen gehen« bezeichnen. Natürlich habe ich daran auch schon gedacht, schließlich bin ich eine alte Häsin und glaube, dass eine Konfrontationstherapie, in der man sich, bestenfalls mit therapeutischer Begleitung, in die angstauslösende Situation begibt, eine Menge bewirken kann. Geradezu euphorisch bin ich! Diese Angst ist kein Produkt meines Wahnsinns, es gibt sie, sie ist bekannt und, was nicht unwesentlich ist: Man kann etwas dagegen tun!

Aber Herr Wiersch kommt nicht auf die Idee, mit mir zu üben, obschon er auch Verhaltenstherapeut ist. Ich erzähle ihm von der Fallstudie der Uni Bochum, aufgekratzt, voller Hoffnung durchstöbere ich im Geiste bereits die Speisekarte meines ehemaligen Lieblingsrestaurants *Freischwimmer* und denke an dessen äußerst leckeren Apple-Crumble zum Nachtisch, den ich zur Feier des Tages nach unserem leckersten Menü dort mit meinem Freund verzehren werde.

Aber: Erst die Arbeit, dann das Vergnügen.

»Würden Sie mit mir üben?« Ich sitze aufrecht in dem bequemen Ledersessel im wohnlichen Behandlungsraum und starre meine Therapeuten erwartungsvoll an. In einer kleinen Vase auf dem Tischchen mit den Taschentüchern stehen ein paar bunte Tulpen, eine goldene Winkekatze winkt mir vom Fensterbrett aus zu. Ich erwidere ihren Gruß nicht, dafür bin ich zu gespannt und voller Tatendrang.

Herr Wiersch rutscht in seinem Ledersessel hin und her.

»Tja, das müsste dann aber in der Nähe sein ...«, er klingt alles andere als begeistert. »Und Sie müssten mich einladen ...«

»Klar!«, unterbreche ich ihn: »Wie wäre es mit dem Café hier um die Ecke?«

»Die kennen mich.« Für einen Moment guckt er nachdenklich, wobei ich es nicht verwunderlich finde, dass er im einzigen Café im Umkreis von einem Kilometer um seine Praxis kein Unbekannter ist. Er seufzt: »Na gut. Die haben ganz ordentlichen Kuchen.«

Ist er jetzt so zögerlich, um mich von der Idee abzubringen? Weil es mir peinlich sein müsste, wenn man ihn kennt, oder wie? Weil ich nicht im Verdacht stehen möchte, einen Therapeuten zu brauchen? Ich frage nicht weiter nach, weder ihn noch mich, sondern bin froh, dass ich meiner Essfreiheit vielleicht bald ein Stückchen näherkomme. Aber mich beschleicht der Verdacht, dass ihn das Ganze irgendwie nicht zu interessieren scheint.

Wir vereinbaren, dass wir uns zum nächsten Termin in der Praxis treffen und dann gemeinsam ins Café gehen.

Es ist mehr Bäckerei als gemütliches Café, einige wenige dunkelbraune Tische mit unbequemen Stühlen stehen uninspiriert in dem mit großen Schaufenstern ausgestatteten Raum, die Margeriten in den kleinen Tischvasen sind aus Plastik. Außer uns und der Verkäuferin ist niemand da. Herrn Wierschs Gruß wird so nebenbei erwidert, als wäre er erst gestern hier gewesen.

Ich wähle einen Platz, auf dem wir, selbst wenn noch jemand hereinkäme, für uns wären. Das erscheint meinem komischen Hirn wichtig: wenn schon auswärts essen, dann, wenn möglich, so, dass niemand direkt zu mir gucken kann. Warum? Weil es sich besser anfühlt, beim Essen und Trinken unbeobachtet zu sein. Mal wieder eine unbegründete Angst, schließlich gehen wohl die wenigsten in ein Restaurant oder Café, um andere beim Essen zu beobachten.

Wir bestellen Kaffee und Schokotorte, mein Getränk natürlich angsthasenkompatibel koffeinfrei. Es ist seltsam, mit Herrn Wiersch mal wieder außerhalb der Praxis zu sein. Das ist nicht sein natürlicher Lebensraum. Es fällt mir ja auch schwer, eine Sprechstundenhilfe oder Kassiererin ohne ihren Kittel in freier Wildbahn zu erkennen. Selbst bei den Frauen, mit denen ich meinen Lieblingssport *Nia* praktiziere, ist es manchmal merkwürdig, sie richtig angezogen auf der Straße zu treffen, auch wenn mir klar ist, dass sie wohl kaum mit hautenger, pinkfarbener Schlaghose und farblich passendem Leibchen ihrem Job als Krankenschwester oder Englischlehrerin nachgehen.

Herr Wiersch ist zwar nicht anders angezogen als sonst, aber dennoch gehört er nicht hierher, es ist irritierend. Weil die Situation so anders ist, als ich sie gewohnt bin, fällt mir auch gar nichts ein, über das wir jetzt reden können. Worüber spreche ich mit meinem Therapeuten, wenn ich nicht über mich selbst rede? Andere gemeinsame Themen habe ich mit ihm ja nicht, ich Rampensau.

»Wie geht es Ihnen jetzt auf einer Skala von eins bis zehn, wenn eins ›sehr gut‹ und zehn ›sehr schlecht‹ ist?«, fragt Herr Wiersch und schielt dabei zur Kuchentheke, als wäre die Wahl eines weiteren süßen Teilchens gerade eine weitaus interessantere Beschäftigung für ihn, als sich mit meinem Befinden auseinanderzusetzen. Er möchte nicht hier sein, hält es für Zeitverschwendung, schießt mir in den Sinn. Dennoch spiele ich mit: »Es geht. Also, ein bisschen aufgeregt bin ich. Weil ich weiß, was jetzt kommt …« Ich lache nervös. Das Gefühl, dass mit meinem Therapeuten irgendetwas nicht stimmt, lässt mich nicht los. Er sieht müde aus, angestrengt und unkonzentriert.

»Die Skala?«

»Vielleicht eine Vier.« In solchen Einordnungen bin ich ganz schlecht. Bei mir schwankt das auch sehr. Im Moment der Frage kann ich mich noch richtig toll fühlen, gleich darauf entsetzlich. So auch dieses Mal: »Äh, doch eher sieben bis acht.«

Schließlich bringt die Bedienung unsere Bestellung. Herrn Wierschs Augenbrauen gehen nach oben, was ich natürlich sofort hinterfrage: »Wieso erstaunt Sie das jetzt?« Er lächelt nur: »Na dann«, und prostet mir mit seiner Teetasse zu. Auch ich greife zum Schierlingsbecher, rieche schon den Instant-Kaffee. Na toll. In einem Oma-Café wie diesem konnte ich doch wohl echten koffeinfreien Filterkaffee erwarten, diese Plörre macht das Experiment nicht leichter.

Aber wir sind ja nicht zum Genießen hier: Der Becher in meiner Hand muss zum Mund. Der Kaffeeersatz ist lauwarm, schade. Sehr heiß ist besser, da kann man vorsichtig schlürfen, ohne dass es jemand komisch findet. Andererseits weiß ja keiner, dass er nicht heiß ist. Ich nippe also zaghaft und nehme einen Minischluck in den Mund, wo ich ihn erst einmal sicher im vorderen Bereich mit leicht gebeugtem Kopf, damit nichts in die Kehle fließen kann, aufbewahre.

»Und jetzt schlucken!«, ermuntert mich mein Therapeut. Er hat schon mehrere Schlucke von seinem Tässchen Earl Grey getrunken. Mir fällt eine uralte Nummer von mir ein, der betrunkene Adelsexperte, der die Gäste auf dem achtzigsten Geburtstag der Queen kommentiert. Der Earl Grey aus Bergamotte spielt darin eine Rolle. Den Kaffee habe ich immer noch im Mund.

»Einfach runterschlucken!« Haha, Unwissender! Mein Hals ist dicht, der Puls ist erheblich hochgegangen, parallel zum Angstgefühl, neun auf der Skala, aber es fragt ja keiner. Ich kralle mich mit der freien Hand in die Tischplatte, drücke fest zu und – schlucke. Puh. Geschafft.

»Den nächsten Schluck nehmen Sie mal ohne Tisch. Lassen Sie die Hand locker auf dem Tisch liegen.«

Mist, der merkt aber auch alles!

Und mein Herz? Hört Herr Wiersch auch mein Herz schlagen? Warum guckt die Bäckereifachverkäuferin so komisch? Hört sie es? Das war vielleicht eine dämliche Idee von mir, diese Überei.

»Ich probiere erst einmal die Schokotorte.« Mhmm, Nougat, lecker! Ich teile mit der Gabel ein kleines Stück ab, stecke es mir vorsichtig in den Mund und zerdrücke es am Gaumen. Dann schlucke ich es vorsichtig herunter. Von Genuss kann keine Rede sein.

»Und jetzt wieder ein Schluck Kaffee.«

Er weiß nicht, dass das kein Kaffee ist, was ich da in meinem Becher habe. Es ist eine bittere und unberechenbare Flüssigkeit, wie Quecksilber kann sie im Handumdrehen hierhin und dorthin spritzen und schlimmste Schäden anrichten. Ich zwinge mich und wiederhole vorsichtig das Prozedere von vorhin.

»Jetzt mal einen ordentlichen Schluck, Sie haben ja fast nichts im Mund!« Seine Stimme ist weich, er lächelt, will mir Mut machen. Gut, dass man bei einem Therapeuten davon ausgehen kann, dass er versteht, dass das hier für mich kein Spiel ist. Im Gegenteil, es ist bitterer Ernst. Mit der Zunge halte ich die lauwarme Brühe in meinem Mund in Schach.

»Kommen Sie, einfach runterschlucken!«

Es geht nicht. Mir wird immer heißer, vielleicht kann ich auf diese Weise meinen Kaffee erhitzen. Mein Herz rast. In mir toben die unterschiedlichsten Stimmen: »Schluck einfach, das ist ganz normal! – Ich kann nicht! Oh Gott, was ist, wenn ich mich verschlucke? – Dann ist gar nichts. Du hustest, und dann ist es wieder gut, schluck einfach! – Ja, runterschlucken, ich versuche es … Es geht nicht! Ich muss das jetzt ausspucken! – Beruhige dich, es ist nur ein winziger Schluck, einfach kurz schlucken, dann ist es vorbei!« Als wäre es ein riesiger Brocken Trockengebäck, das seinem Namen alle Ehre macht, und nicht nur ein kleines bisschen Instant-Kaffee-Nebel, schlucke ich und balle währenddessen meine Faust zusammen. Tränen steigen mir in die Augen.

»Geschafft! Sehr gut! Wie fühlen Sie sich?«

»Schrecklich, also zehn. Ich will nicht mehr.«

Er sieht mich gleichzeitig müde und freundlich an: »Dann erst mal noch ein Stück Torte. Hilft es Ihnen, wenn wir gleichzeitig essen?« Ich nicke, obschon ich nicht weiß, ob das wirklich so ist.

Während mein Therapeut sein Stück Torte geradezu herunterschlingt – vielleicht hatte er nichts zu Mittag – und sich sogar noch ein zweites Kännchen Tee bestellt, würge ich mit Müh und Not irgendwie einen Bissen nach dem anderen hinunter, nuschele ab und zu »neun« oder »elf« auf seine Frage und lasse schließlich zwei Drittel meines kaffeeähnlichen Getränks in der Tasse. Gott sei Dank ist irgendwann unsere Stunde vorbei und Herr Wiersch muss wieder in die Praxis. Kaputt und frustriert radele ich nach Hause.

Es bleibt bei der einen Auswärtsübung mit ihm. Immer, wenn ich versuche, ihn darauf anzusprechen, weicht er mir aus. Um ehrlich zu sein, versuche ich es auch nicht besonders oft, schließlich habe ich ja gemerkt, wie ungern er schon dieses eine Mal mitgemacht hat.

Eine Reise steht an, und ich denke mit Unbehagen an meine Ernährung in der Zeit. Dabei ist es schön, dass ich mit den Eltern meines Freundes, seinem Bruder und dessen Mann ein bisschen Familie geschenkt bekommen habe, ich fühle mich willkommen und herzlich aufgenommen von ihnen. Wir haben uns alle bei einem Auftritt im Ruhrgebiet kennengelernt. Ich war, wie es meine Art ist, natürlich angemessen aufgeregt, als ich hörte, dass sie kamen, schließlich wollte ich einen perfekten Eindruck hinterlassen – sie sollten mich lieben und nicht müde werden, meinem Freund zu seiner tollen Frau zu gratulieren. Der Abend war ausverkauft und machte richtig Spaß, anscheinend nicht nur mir, sondern auch dem euphorischen Publikum inklusive Fast-Schwiegereltern und Fast-Schwager. Puh.

In Bochum haben mein Freund und ich in seinem Elternhaus die Einliegerwohnung für uns, was mir wegen des Essens entgegenkommt. Auch wenn es anfangs kein Problem ist, wird es leider sehr schnell zu einem großen Hindernis, und ich kann mit seiner Familie schlecht bis gar nicht mehr essen.

Noch kennen wir uns nicht so gut, dass ich mich vor ihnen erklären möchte, ich schäme mich, habe ich doch eine so seltsame Angst, die gerade für liebe Menschen, denen Essen Freude macht, die die Gemeinschaft und guten Gespräche bei einem leckeren Mahl schätzen, verstörend wirken muss , nicht dass sie denken, bei ihnen schmeckt es mir nicht!

Eine Einladung ins Restaurant gehört bei unseren Besuchen natürlich genauso dazu wie das ausgedehnte gemeinsame Frühstück und eine fröhliche Kaffeetafel – eigentlich ja ein Genuss, für mich immer mehr eine Horrorvorstellung. Wieso müssen wir Deutschen immerzu und überall essen? Wie Säuglinge alle paar Stunden Nahrung zu sich zu nehmen – ist das normal?

Beim nächsten Besuch in Bochum bin ich schon bei der Aussicht auf die vielen gemeinsamen Mahlzeiten sehr angespannt. Am liebsten würde ich mich einmal zu Hause richtig vollstopfen, um dann die vier Tage im Ruhrgebiet ohne irgendein Essen auszukommen. Zum Glück versteht mich mein Freund und erklärt seinen Eltern, dass wir lieber alleine in unserer Gästewohnung frühstücken möchten. Er holt also morgens aus der elterlichen Küche das Frühstück, und wir essen anschließend einigermaßen entspannt zu zweit.

Aber ins Restaurant muss ich trotzdem. Mir fällt einfach kein Grund ein, um am Geburtstagsessen nicht teilzunehmen. Ich hasse es, so verkrampft zu sein, schließlich gibt es Schlimmeres, als zum Essen in ein schickes Restaurant eingeladen zu werden. Habe ich mir sagen lassen. Mir fällt nichts ein, was mich noch mehr stressen würde. Alle meine Ausflüchte wären fadenscheinig, ich kann schließlich nicht jedes Mal »einen verdorbenen Magen« oder »schon so viel gefrühstückt« haben. Ich hasse diese Angst, wie gerne würde ich die Einladung einfach genießen! Es ist mir aber nicht vergönnt. Also stochere ich, als wir in dem gemütlichen Burgrestaurant im Garten sitzen, vorsichtig in meinem Lachs herum, um dann die reichlichen Reste meinem Freund auf den Teller zu hieven. Man könnte meinen, dass dieses Vorgehen mich wenigstens erleichtert, aber weit gefehlt, Entspannung ist nicht in Sicht. Meine volle Konzentration liegt auf jedem kleinen Bissen, jedem Schluck Wasser, während ich meine Mit-Esser beobachte und mir ausmale, was sie gerade über mich denken. Am schlimmsten ist es, wenn mich jemand anspricht, was leider auch häufiger passiert, denn man isst ja auch zusammen, um sich etwas zu erzählen. Wenn man normal is(s)t.

Ich versuche mich bei unseren Besuchen bei seinen Eltern immer mehr aus den gemeinsamen Mahlzeiten herauszuziehen, lasse mir einmal im Restaurant auch etwas einpacken, um es dann später in der Wohnung ganz für mich allein zu vertilgen, und spreche von einem sehr empfindlichen, ja, man könnte schon sagen hochsensiblen Magen.

Es fällt auf, oh Wunder! Es fällt sogar so sehr auf, dass mir mein Freund eines Abends erzählt, seine Mutter habe ihn gefragt, ob ich magersüchtig sei. Das finde ich drollig. Schließlich wäre ich eine sehr erfolglose Magersüchtige, ich bin so weit von dieser Krankheit entfernt wie Nougatschokolade davon, zu einer effizienten Gewichtsreduktion beizutragen. Meine Angst einzugestehen, fällt mir auch deswegen so schwer, weil ich sie selbst immer noch für etwas Vorübergehendes halte und befürchte, sie zu zementieren, indem ich von ihr erzähle. Dabei scheint sie schon längst ein fester Bestandteil von mir zu sein.

Wir haben meinem Quasischwager und dessen Mann ein Wochenende in Hamburg zum Geburtstag geschenkt, ich freue mich auf die beiden, gleichzeitig fürchte ich mich davor, denn wenn man unterwegs ist, Hafenrundfahrten und Stadtspaziergänge macht, muss man zwangsläufig irgendwann etwas essen, außer man ist Supermodel.

Ich packe mir also vorsichtshalber zwei Bananen ein. Doch selbst das Trinken aus der mitgebrachten Wasserflasche gestaltet sich als äußerst schwierig, und als wir beschließen (es ist eine Mehrheitsentscheidung, drei gegen eine), in einer hübschen Galetterie in der historischen Deichstraße einen Kaffee zu trinken, werde ich leicht hysterisch. Ich nehme meinen Freund beiseite und zische: »Ich kann nicht!« Er fragt: »Hast du denn Lust auf einen Kaffee?« »Ja, sehr, und Hunger habe ich auch, aber ich fürchte mich auch!« »Ich bestelle mir etwas, und das essen wir zusammen. Und deinen restlichen Kaffee trinke ich auch.«

Wie lieb er ist! Immer wieder übernimmt er zur Hälfte ausgetrunkene Bierflaschen,Tassen mit lauwarmem Kaffee oder dreiviertelvolle Spaghettiteller. Mehrfach weise ich ihn darauf hin, dass ich alles auch zurückgehen lassen kann, wovon er auch manchmal Gebrauch macht, allerdings nur bei Speisen, die er gar nicht mag.

Irgendwie kriegen wir die Zeit beim Bretonen um, ich bin zum Bersten angespannt, aber gleichzeitig erleichtert, dass es vorbei ist. Mit knurrendem Magen gehe ich auf die Restauranttoilette und stecke mir ein Stück Banane aus meinem Notvorrat in den Mund, spüle mit Mineralwasser nach. Köstlich hat der Crêpe ausgesehen, aber richtig davon zu essen, erschien mir als grob fahrlässig.

Als wir nach einem langen Rundgang durch die Speicherstadt und Hafencity noch eine Fährfahrt nach Finkenwerder mit anschließendem Abendessen in einem gemütlichen Restaurant planen, drehe ich fast durch. Ständig diese Esserei! Als gäbe es nichts anderes! (Zum Beispiel trinken!) Ich bin inzwischen so aufgerieben, dass mir die Vorstellung, alleine nach Hause zu müssen, riesige Angst macht. In der Abwägung zu einem weiteren Restaurantbesuch erscheint sie mir aber als das kleinere Übel, und so sitze ich einige Tränen und viel Getuschel mit meinem Schatz später in der U-Bahn Richtung »in Sicherheit« und überlasse die drei Narren ihrem ungewissen Schicksal.

Erst beim nächsten Aufenthalt in Bochum fasse ich mir ein Herz, als es wieder darum geht, anderntags »so richtig schön essen« zu gehen.

»Ich kann schlecht essen, wenn andere dabei sind. Das ist eine Angststörung. Also trinken geht auch nicht gut«, stammle ich und merke, wie mir die Tränen kommen.

Wir sitzen alle zusammen im Wohnzimmer, auch der Bruder meines Freundes nebst Mann ist dabei. Aber anstatt mich auszulachen oder meinem Freund eine baldige Trennung von der Gestörten, also mir, nahezulegen, reagieren alle verständnisvoll, obschon ich merke, dass niemand im Raum, mich eingeschlossen, sich so richtig erklären kann, was das für eine Angst ist. Aber jetzt ist klar: Wir frühstücken alleine, wenn wir da sind. Und ich darf mit meinem Teller alleine in der Küche sitzen, während alle im Esszimmer fröhlich speisen. Meine Fast-Schwiegermutter stellt mir jedes Mal ein Kerzchen in die Küche und deckt mir liebevoll den Tisch. Und mein Fast-Schwager berichtet von seiner Spinnenangst, die ihn manchmal davon abhält, ihre schicke Terrasse zu benutzen. Dankbar folge ich der Schilderung seiner Ängste.

Was bin ich froh, dass mir Spinnen keine Angst machen! Also jedenfalls nicht alle. Nur sehr große, haarige. Und mittelgroße schon auch ein bisschen. Aber nicht sehr. Und Schneider nehme ich sogar in die Hand. Manchmal. Auf jeden Fall würde mich eine Spinne nicht davon abhalten, rauszugehen. Sofern sie nicht mitten im Weg sitzt.

Zu Hause in Hamburg beschließe ich, mit meinem Freund zu üben. Er ist zwar kein Therapeut, aber ihm vertraue ich mindestens genauso, und ich fühle mich wohl und geborgen mit ihm. Wie wunderbar wäre das, wenn wir mal wieder essen gehen könnten! Wobei, das wäre ja sogar schon die Königsdisziplin. Einfach so gemütlich bei selbst gekochten Spaghetti und Salat zusammensitzen, das wäre ja auch schon spitze.

Wir fangen mit dem für mich Schlimmsten an und gehen unter der Woche einfach mal so in ein Restaurant, in dem es eine kleine, aber feine Speisekarte gibt. Einen Italiener habe ich mir ausgesucht, eh, ciao, come stai? Wie immer ist es »ein kleiner Italiener an der Ecke«. Oder hat jemals ein Mann zu seiner Herzdame gesagt: »Ich möchte dich zum Essen einladen. Ich kenne da einen monströsen Italiener, anderthalb Autostunden von hier entfernt, das ist wirklich ein Riesenladen. Sehr unübersichtlich, da passen bestimmt vierhundert Leute rein – dahin möchte ich dich gerne einladen!« Wenn das jemals passiert ist, wird die Dame wohl nicht mitgegangen sein.

Das Schöne beim Italiener ist ja: Das lockere Lebensgefühl gibt's gratis dazu, da wird das Essen zum Vergnügen, das ist die richtige Location zum Üben, mediterran-entspannte Stimmung, Albano und Romina Power in Endlosschleife aus den Lautsprechern und gut gelaunte Kellner mit einem lockeren Spruch auf den Lippen, Pizza, Pasta und Vino rosso.

Dennoch bin ich ziemlich aufgeregt, habe aber den festen Willen, es auszuprobieren und zu schaffen. Ich will weiterkommen, ein Stück der Angstfreiheit entgegen. Und wenn üben dazugehört, übe ich eben. Als wir den kleinen, gemütlichen Laden mit dem gedämpften Licht betreten, scanne ich zunächst einmal die Umgebung. Es ist nicht so laut, das ist gut, recht leer, auch prima; ein kleiner Tisch am Fenster scheint mir für unsere Zwecke geeignet zu sein. Wieder geht es darum, möglichst für uns zu sein, außerdem möchte ich, dass wir nebeneinandersitzen, weil es zu anstrengend wäre, wenn mein Freund mir beim Essen von gegenüber zusehen könnte.

Weil ich es beim ersten Mal nicht gleich übertreiben möchte, bestelle ich etwas, von dem ich mir vorstelle, dass es einfach zu essen ist. Nicht, weil es wahrscheinlich leckerer schmeckt als die anderen Gerichte auf der Karte, nein, weil ich bei Risotto irgendwie denke, dass es von selbst flutscht. So eine Nudel kann ja mal auf halber Strecke im Hals hängen bleiben, Suppe ist sowieso des Todes, und Fisch – »Gräten«, mehr muss ich dazu ja wohl nicht sagen. Es schaudert mich. Fleisch esse ich sowieso nicht – also Risotto.

Kaum sitzen wir, betritt ein älteres Paar den Laden und setzt sich schräg von uns an einen Tisch. Mist, denke ich, muss denn ausgerechnet, wenn ich mal essen gehen üben möchte, alle Welt in genau das Lokal, in dem ich mich befinde? Können die sich nicht einfach mal selbst was kochen? Nachher gucken wahrscheinlich noch andere durch das Fenster und denken: »Oh, da sitzen ja schon welche, da gehen wir auch mal rein, das sieht ja nett aus!«

Haben die kein Zuhause? Wir haben hier um die Ecke doch einen wunderbaren Markt, da kann man sich frische Zutaten aussuchen, die man dann stundenlang mit Freunden kochen kann. Da muss man nicht hier sitzen, wo andere in Ruhe ihr Risotto runterwürgen möchten. Kein Taktgefühl, die Leute!

Mal wieder bin ich so angespannt, ich müsste eigentlich minütlich dünner werden. Wenn doch so oft jede Faser meines Körpers in Aufruhr ist, müssten doch riesige Mengen an Kalorien verbrannt werden und meine Lieblingsjeans wieder passen, oder nicht? Dagegen spricht, dass Chips und Schokolade erstaunlicherweise ganz gut gehen, auch mit dem Freund auf der

Couch. Und Salat ist schwierig, obschon ich ihn eigentlich sehr gern habe: Er kann in den Rachen spritzen, wenn ich daraufbeiße, störrische Rucolastiele können im Hals hängen bleiben, grober Pfeffer aus der Soße kann sich im Rachen festsetzen und derbe Reizungen auslösen – ach, es gibt genügend Gründe, die gegen Salat sprechen.

Wir sitzen also an unserem Tisch gefühlt inmitten der Love-Parade und bestellen. Wasser, natürlich ohne Kohlensäure, weil Kohlensäure tückisch ist. Unruhig und unstet, wer weiß, wohin das Wasser fließt, wenn es mit Kohlensäure versetzt ist, das Risiko ist zu groß. Die Frau in der Fallstudie konnte nur essen, wenn sie nach jedem Bissen einen Schluck getrunken hat. Als sie dann mal wenigstens ein bisschen essen konnte. Das verstehe ich nicht. Ich kann weder essen noch trinken. Herrlich, welchen Variantenreichtum diese Macke hat!

Dann besprechen wir die Vorgehensweise unseres Essens. Ich beschwöre meinen Freund, mich zu ermutigen zu essen, wenn es dann so weit ist. Rechtschaffen hungrig bin ich, das sollte nicht das Problem sein. Und mein Risotto duftet herrlich, als es aufgetischt wird. Mein Freund macht sich sofort über sein Hähnchen her, man sieht, dass es ihm schmeckt.

Das ganze Restaurant in Form des Pärchens vom Nachbartisch starrt wie gebannt auf uns. Ist klar, schließlich haben wir schon etwas und sie noch nicht. Das ist wahrscheinlich evolutionsbedingter Futterneid. Langsam spieße ich eine Erbse und drei Reiskörner auf meine Gabel und merke, wie mein Puls hochgeht. Mir ist warm. Aufmunternd nickt mir mein Tischherr zu. Ich möchte, dass es mir auch schmeckt. Mir würde es sogar ganz bestimmt schmecken, wenn ich es erst einmal essen könnte. Inzwischen befinden sich die zu kauenden Teilchen in meinem Mund. Panik. Was sollen die da? Rutscht da etwa ein Stückchen zu nah an den Schlund? Wie kriege ich das unauffällig wieder raus?

Ich. Kann. Nicht. Schlucken.

Das könnte natürlich auch der Titel eines Horror-Pornos sein (Gibt's dieses Genre? Horror und Porno gemischt?), aber in meinem Fall fühlt es sich ausschließlich horrormäßig an. Am liebsten würde ich meine Gabelladung wieder ausspucken. Aber ich erinnere mich daran, weshalb wir hier sind. An die Frau aus der Fallstudie denke ich, daran, wie toll ich mich fühlen werde, wenn ich das geschafft habe. Falls ich das jemals schaffe. Und daran, wie schlecht ich mich fühle, wenn ich es nicht geschafft habe. Wie kann ein Mensch das hinbekommen?

Wie kann vor allem ich das hinbekommen? Ich probiere, mich zu entspannen. Tief einzuatmen, wieder auszuatmen und dabei natürlich höllisch auf die Erbse und drei Reiskörner aufzupassen. Schließlich passieren die meisten Unfälle beim Essen. Also, beim Essen und Atmen im Haushalt. Nein, doch nicht im Haushalt! Beim Essen und Atmen unterwegs! Todesmutig schlucke ich die Gegenstände in meinem Mund und wundere mich darüber, dass es ohne weitere Komplikationen geklappt hat. Mein Freund nickt mir ermunternd zu.

Diesmal kommt eine Cherrytomate mit Reis auf die Gabel. Cherrytomaten sind sehr gefährlich, aber ich denke, das ist allgemein bekannt. Nein? Oh. Also, wenn man auf eine geschlossene oder sogar auch auf eine halbe Cherrytomate beißt, platzt sie, und ihr Saft kann geradewegs in die Luftröhre schießen, und dann ist man auch sehr schnell tot! Eigentlich müsste ein Warnhinweis auf Cherrytomaten kleben. Genau wie auf Salat. Und auf Suppen, mit ihrer scheinbar harmlosen Liquidität, die schnell sämtliche Röhren verstopft. Und überhaupt auf sehr, sehr vielem.

Das tödliche Gemüse liegt also ganz harmlos auf meiner Gabel. Da die Tomate angebraten ist, ist sie etwas zerdatscht und fällt nicht herunter. Aber mir kann sie dennoch nichts vormachen. Meine Hände sind feucht, ich würde sie gern beide abwischen, aber in der einen halte ich ja die Gabel. Mein Versuch, tief Luft zu holen, scheitert, dabei hätte es mir gutgetan, tief

Luft zu holen. Weil ich dann etwas weniger Druck gespürt hätte. Nun gut. Ich hole Anlauf, überlege es mir dann aber noch einmal anders und zerteile die Tomate lieber noch mal mit dem Messer. Natürlich zerfließt sie, und ob ich sie jetzt besser herunterkriege, weiß ich nicht.

Mein Freund sieht mich an mit weichem Blick: »Das schaffst du!«, sagt er, als wären wir auf einer Versammlung der Deutschen Tomatenzüchter und er befürchtet, dass mich im letzten Moment doch noch der Mut verlassen könnte, eine Brandrede für geächtete Cherrytomaten zu halten. Dabei geht es ja nur ums Essen! Irgendwie kommt ein bisschen Gemüse in meinen Mund, ich wende meinen Trick an und kralle mich mit einer Hand in die Tischplatte, so als könnte ich durch den Druck auf den Tisch ein wenig von meinem Druck weitergeben, und ich schlucke. Schweiß läuft mir die Schläfen hinunter, und Tränen schießen in meine Augen.

»Ich will nicht mehr!«, lasse ich mein Gegenüber mit einem Schluchzen wissen.

»Hast du denn noch Hunger?«

»Ja, aber ich kann nicht mehr.«

»Komm, noch eine Gabel!«

»Es geht nicht!«

»Was meinst du, wie hoch ist die Wahrscheinlichkeit, dass du dich jetzt verschluckst?«

Ich zucke mit den Schultern. »Vielleicht fünfzig Prozent?«

»Und wie hoch ist die Wahrscheinlichkeit, dass du an dem Verschluckten erstickst?«

Ich bin mir ziemlich sicher: »Neunzig Prozent.«

»Das ist viel, da können wir nicht weiteressen, das wäre nicht zu verantworten.«

Kurz denke ich darüber nach. »Vielleicht ist sie doch nur neunundachtzig Prozent. Ich probier's noch mal.«

Er strahlt mich an. Mit Müh und Not nehme ich noch ein paar Gabeln, dann bin ich fix und fertig.

»Komm, jetzt klappt's doch ganz gut, den Schwung nimmst du noch mit!«

Ich schüttle den Kopf, wissend, dass er mir helfen möchte. Dass er der verständnisvollste Mensch der Welt ist, der einfach nur möchte, dass es mir gut geht. Und der Frau in der Bochumer Fallstudie hat üben ja auch geholfen. Aber ich, ich kann nicht mehr. Es geht einfach nicht.

Mein Essen lasse ich mir einpacken, vielleicht kriege ich es ja zu Hause gegessen. Frustriert, aber trotzdem froh, dass ich es überhaupt probiert habe, trete ich den Rückzug an. Wir werden es wieder versuchen.

FLUTLICHTFIEBER

Da hätten wir also eine glasklare Diagnose: Beeinträchtigung der Stillung eines Vitalbedürfnisses (vulgo: essen und trinken) in Gesellschaft. Und dabei geht es ja nicht nur ums Essen und Trinken, es geht ja auch darum, dass ich eines sogenannten Wohlfühlrituals beraubt bin. Genießen mit Freunden und Liebsten. Und was heißt schon Beeinträchtigung? Inneres Abgeschnittensein trifft es wohl am ehesten. Ich entwickle mich zur Sozialeremitin. Aber es kommt noch besser.

Der Hamburger Hauptbahnhof wird mit Klassik beschallt, damit sich gestrandete Menschen dort nicht aufhalten. Ganz schön arschig, die Nummer. Ich verstehe nicht, wie man mit klassischer Musik Junkies vertreiben kann. Denken die dabei an ihre Horror-Klavierlehrerin aus Kinderzeiten? Und was muss denn dann laufen, damit sich Eppendorfer Perlhühner verpissen? *Rammstein*?

Ich wohne in Eppendorf. Und höre gerne Klassikradio. Weil bewiesen ist, dass Klassik gut für die Seele ist. Natürlich höre ich viel lieber Radio, als selbst da mitzumachen. Wobei so ein Leseabend mit Moritz Netenjakob und Bastian Pastewka natürlich schon auch Charme hat. Und ich mich gebauchpinselt fühle, dass Moritz meine Texte gefallen und er mich eingeladen hat in die kleine Kölner Kneipe in irgendjemandes Veedel. Die Sendung wird dort aufgezeichnet, und als WDR-Hörer kann man sich dann ein paar Wochen später zu Gemüte führen, wie Moritz, Bastian und ich unsere lustigen Texte zum Besten geben, miteinander scherzen und ulken, dass es eine Art hat.

Woran ich nicht gedacht habe, als ich zugesagt habe: Ich muss dabei atmen! Am Atmen an sich ist ja auch nichts auszusetzen, aber wenn ich aufgeregt bin, atme ich wie ein kettenrauchender, übergewichtiger Mops mit zu engem Halsband. Weil ich das weiß und überhaupt nicht möchte, dass es so wird, liegt mein innerer Mops jetzt schon prophylaktisch in den letzten Zügen. Atmen im Radio! Wie soll das gehen? Ich weiß, wir müssen alle sterben. Aber da bin ich eigen: Ich will nicht im Radio ableben.

»Hey, freust du dich auf Köln? Wird bestimmt spitze!«

Unwissender! Du denkst wirklich, ich fahre zu einem tollen Auftritt? Mein Freund drückt Teewurst auf sein Brot. Ich dachte früher, da sei Tee mit drin. Warum aber heißt sie wirklich so? Wahrscheinlich ist es die Farbe, ein Beutel Hagebutte auf einen Liter Wasser. Noch gelingt es mir, mich für ein Minütchen abzulenken. Der Auftritt ist zwar schon am Donnerstag, aber immerhin habe ich noch drei Tage Galgenfrist.

Es gab Zeiten, in denen habe ich mich auf so einen Auftritt gefreut. Ein weiterer Farbtupfer in meinem vielseitigen Beruf, noch dazu mit prima Kollegen. Der Witz ist: Meine Kollegen gehen da einfach hin. Machen ihren Job. Und ich war früher auch so. Heute empfinde ich das als grob fahrlässig, denn jetzt fällt mir ein: Ich muss nicht nur atmen, ich muss dabei auch noch sitzen! Schließlich machen wir eine Lesung.

Stehen kommt meinem komischen Hirn weniger beängstigend vor, beim Stehen kann ich hin und her laufen, Unruhe abbauen, und es fällt vielleicht nicht so sehr auf, wenn ich hibbelig bin. Dass ich im Sitzen weniger Gefahr laufe umzufallen – daran denke ich natürlich nicht.

Logik hat Ausgang, mal wieder. Tschüs, hab Spaß und komm bald wieder!

Zwei Tage vor dem Auftritt besuche ich meinen Vater, weil er in der Nähe wohnt. Und weil es sich anbietet; ich habe ihn lange nicht gesehen. Natürlich mache ich das auch, weil mir die Reise so noch mehr Stress macht. Es bedeutet, weniger Zeit zu Hause zu haben, um mich auszuruhen, und klar ist es manchmal nicht megaentspannt mit meinem Dad. Uns trennen Welten. Er ist ein richtiger *Homo Faber*, denkt in Zahlen und Einheiten, ist ruppig, eher wortkarg, und Gefühle zu zeigen, gehörte lange nicht zu seinen Kernkompetenzen. Dafür war immer meine Mutter zuständig.

Auf meinen Freund hat er bei ihrem ersten Zusammentreffen einen unschlagbaren Eindruck gemacht. Wir besuchten meinen Vater an einem Wochenende, und er hatte für uns gekocht. Das war noch in der Zeit, als gemeinsam essen einigermaßen funktionierte. Schon immer probiert er gern neue Rezepte aus und kocht ziemlich gut. Es gab Fisch, und es war lecker. Hinterher fragte ich ihn nach einem Nachtisch, nach irgendetwas Süßem. Er brummte nur: »Ich hab nix Süßes.«

Natürlich weiß ich, wo mein Vater seine eiserne Reserve Schokolade und Kekse aufbewahrt, ich ging also an den Schrank und fischte ein Tütchen Pralinen heraus, mit dem ich freudig herumwedelte.

»Tätää! Und was ist das?«

»Die schmecken scheiße, die kannste nicht fressen«, war seine Antwort.

Ich war entsetzt. Mein Freund lernt gerade meinen Vater kennen, und der reagiert so unflätig!

»Papa, wir haben einen Gast!«

»Ja gut – dem kannste die anbieten!«

Und das war nur teilweise als Witz gemeint. Wir mussten alle drei trotzdem sehr lachen, und ich hatte fortan eine neue, wahre Geschichte, die ich auf der Bühne erzählen konnte.

Ich bin also vor dem Radioauftritt in Köln bei meinem Vater, und wir gehen nach einer fast ungeschlafenen Nacht spazieren. Da muss wohl irgendwo eine Erbse im Keller gelegen haben.

Ach so, und ja, heute ist die Radioaufzeichnung. Zum Glück bin ich Profi. Und ich freue mich darauf, dabei zu sein. Das habe ich mir auf einige Hundert Post-its geschrieben, und die habe ich in Papas Gästezimmer geklebt. Sehr wahrscheinlich habe ich das bis nachher dann auch verinnerlicht.

Ich spreche mit meinem Vater über die beiden Buchprojekte, an denen ich gerade arbeite, und über die Tour. »Ist das nicht ein bisschen viel auf einmal?«, fragt er und klingt tatsächlich etwas besorgt. Viel? Ich bin die Schwester von Chuck Norris! Die große Schwester, wohlgemerkt. Bisschen auftreten, bisschen Buch schreiben, was ist denn dabei? Und klar habe ich den Auftritt bei Moritz ganz normal angenommen, das ist ja schließlich mein Beruf!

Eine Friseurin sagt ja auch am Telefon: »Okay, Strähnchen und Schneiden, Mittwoch um elf?« Die druckst nicht rum: »Hmm, mal gucken, schaff ich das überhaupt? Gut, da ist zwar kein anderer Termin und Strähnchen und Schneiden sind ja mein täglich Brot, aber trotzdem, das ist ja live, und was ist, wenn ich atmen muss? Und wenn es mir dann nicht gut geht? Ich kann Sie ja dann nicht halbfertig sitzen lassen und abhauen – nee, fragen Sie mal lieber jemand anders.« Je mehr ich darüber nachdenke, desto realistischer kommt es mir für eine Friseurin vor, genau diese Gedanken bei der Vergabe eines Haarschneidetermins zu haben.

Eigentlich macht mir mein Beruf doch richtig Spaß! Gerade Radio. Ich habe nur deswegen bei der Terminfindung nach hinten geschoben, so weit es ging, um mich noch entspannter auf die Sendung vorbereiten zu können.

Jetzt, beim Spaziergang durch den Wald, bin ich trotzdem so angespannt und nervös wie vor der Millionenfrage. Wie so oft wünsche ich mir – beziehungsweise in dem speziellen Fall Moritz – eine Spontanerkältung.

Oder Stimme weg.

Einen Blitzeinschlag in den einzigen Ü-Wagen des WDR.

Hochwasser im Veedel.

Dass das Radio bis heute Nachmittag völlig aus der Mode gekommen ist.

Oder verboten ist.

Ich denke mir Krankheiten aus, die ich mir bis heute Nachmittag noch zulegen könnte. Es wäre zum Verrücktwerden, wäre ich es nicht schon – ich fürchte mich so sehr davor, meine geliebte Arbeit zu machen!

Es gibt von *Badesalz* eine Sketchreihe, in der einer immer wieder den anderen (seinen Vater) etwas fragt, so nach dem Motto: »Du Papa, wie kann ich mal eine Freundin finden?« Und der Vater sagt: »Ei Bub, du bist jetzt 42 und Elektroingenieur …« Und dann kommt ein Witz.

Seit ich diese Sketche kenne, sage ich das auch sehr gern. Heute in der Version: »Ich bin jetzt 42 und Elektroingenieur, warum muss ich denn jetzt heulen?«

Nun gut, ich lebe ja nur davon, andere Menschen zum Lachen zu bringen. Das heißt ja nicht, dass ich nicht heulen darf.

Im deutschen Mischwald also stehe ich und heule, nicht wie ein 42-jähriger Elektroingenieur, sondern wie eine 42-jährige, neurotische Komikerin. Ja, neurotisch bin ich wohl. Eine Neurose hat man, wenn man weiß, dass man was hat und es loswerden will. Ich spreche nicht von Orangenhaut oder unfreundlichen Nachbarn, eher von so etwas wie, na, wie heißt es noch, ach ja, Ängsten oder Traurigkeit.

Bei einer Psychose dagegen hat man etwas, was man für vollkommen realistisch und normal hält: »Ich muss meine Freunde warnen vor diesen Wesen aus dem All. Das hat mir die Stimme gesagt.« Und zack, stehen auf einmal verstörende Nachrichten im E-Mailverteiler.

Selbstverständlich habe ich auch immer wieder Angst, dass ich mal, wie ich es nenne, »in eine Psychose rutschen« könnte. Darauf habe ich überhaupt keinen Bock, dann schon lieber eine amtliche Neurose. Ist doch überhaupt ein nettes Wort, da steckt ja auch »Rose« mit drin. Und man denkt an Woody Allens *Stadtneurotiker* und an die Ticks von Superstars wie Katy Perry, die nur mit Licht an schlafen kann, und Mariah Carey, in deren Backstage-Bereich alles weiß sein muss, oder Karl Lagerfeld, der ohne sein Kuschelkissen nicht ins Flugzeug steigt.

Daran, dass diese dornige Rose einem das Leben ganz schön vermiesen kann, denkt man selten. Kann sie aber. Sie kann machen, diese Arschneurose, dass ich mich vor meinem Job fürchte, statt mich darauf zu freuen.

Aber ich bin abgeschwiffen. Also, ich stehe in Tränen aufgelöst neben meinem Vater im Wald. Ich bin zwar schon 42, aber er ist immer noch mein Vater. Und er kann eigentlich überhaupt nicht damit umgehen, wenn ich heule. Heulen ist nichts für einen Elektroingenieur. Und das war mein Vater tatsächlich. Aber diesmal passiert etwas Wunderbares. Ich schluchze: »Ich will den Auftritt nicht machen! Ich will nicht mehr auf die Bühne! Nie mehr!« Und er sagt: »Na, dann machste eben was anderes. Du kannst so viel! Du kannst alles machen, was du willst.« Ganz entspannt ist er dabei. Ich bin fassungslos und lasse den Gedanken erst einmal sanft in mein Bewusstsein gleiten beziehungsweise lege ihn auf dem Flur vor meinem Bewusstsein in ein Körbchen, zu der unerledigten Post. Bei Gelegenheit werde ich ihn mir mal in Ruhe anschauen.

»Dann machste eben was anderes«, hallt es noch eine Weile nach. Etwas anderes als Comedy? Ich habe doch nichts gelernt! Nicht mal ein Jodeldiplom habe ich! Unvorstellbar. Oder vielleicht doch nicht? Geht das? Kann »man« das machen? Und, vor allem, kann *ich* etwas anderes machen? Der Hauch von der Möglichkeit einer neuen Idee sickert in mein Hirn. Vielleicht. Zweifel atmen den Hauch gleich wieder ein. »Du bist 42 und nicht mal Elektroingenieur, wovon träumst du nachts?« Und dennoch. Allein, dass mein Vater das so selbstverständlich zu mir sagt und es anscheinend auch so meint, tut mir sehr gut. Natürlich mache ich mich auf den Weg nach Köln.

Eine Radiosendung aus einem winzigen Kölner Wirtshaus, knapp hundert Leute werden zu meinem Vergnügen dort hineingestopft. Heißa, viele Menschen auf engem Raum, schlechte Luft und ich mittendrin! Da simmer dabei, das ist prihima… Moritz begrüßt mich, freut sich auf die Sendung. Ich auch. Wie blöd. Nach außen hin bin ich fröhlich und freundlich. Aber in mir brodelt eine Gemüsesuppe aus Angst, Angst und Angst, gewürzt mit einer großen Prise Furcht und serviert auf einem Panikspiegel. Man muss mir doch meine riesige Anspannung anmerken! Hoffentlich leuchte ich nicht, wenn nachher das Licht im Saal ausgeht.

Herr Pastewka ist auch da, wir begrüßen uns, er macht Scherze, mir gelingt mehr als nur ein professionelles Lächeln.

Moritz erklärt mir den Ablauf des Abends, reicht mir die Speisekarte: »Jetzt suchst du dir was Schönes aus, dann essen wir erst einmal.« Ich habe Hunger. Aber er hätte genauso gut sagen können: »Während wir zusammen essen, lassen wir die Krokodile rein. Ist das okay für dich?« Meine fast zwanzig Jahre Bühnenerfahrung nützen mir überhaupt nichts, und dabei brauche ich nicht einmal zu befürchten, meinen Text nicht zu können, denn wir lesen ja, außerdem sind wir in Köln, da sind sowieso alle immer »jot drupp«, ein etabliertes Format, es gibt nichts, absolut nichts, wovor ich mich fürchten müsste. Und doch macht mir alles Angst. Lampenfieber in gesteigerter Form.

Sozusagen Flutlichtfieber.

Es ist mir alles zu viel. Das hatte ja schon früher angefangen, auf meiner Tour durch Süddeutschland, runter nach Konstanz, dann nach Tübingen, Stuttgart, dazwischen immer wieder Nürnberg, es waren viele Städte in kurzer Zeit, und mir waren es eigentlich zu viele, ich wollte es nur nicht zugeben. Vor mir selbst nicht zugegeben. Jetzt sitze ich in dem Wirtshaus und versuche irgendwie meine Pizza runterzukriegen. Gott sei Dank sind die anderen mit Proben beschäftigt, ich darf also weitestgehend unbeobachtet essen. Aber es genügt schon, dass andere Menschen mit im Raum sind. Irgendwie geht es, und ich würge mit Müh und Not ein paar Bissen hinunter. Denn wenn ich nichts esse, habe ich Angst, dass ich nachher Angst bekomme, weil ich Hunger habe. Leuchtet ein, oder? Was ist gerade mein bestimmendes Thema?

Eiskunstlauf?

Falsch. Ich komme noch drauf…

Im Laufe der letzten zweieinhalb Jahre habe ich gelernt, meine innere Stimme »Aaaah! Weg hier! Was mache ich denn? Ich sollte Friedhofsgärtnerin werden!« weitestgehend drinnenzulassen und nach außen einen professionellen Auftritt hinzulegen.

Dennoch befürchte ich, dass jeder sieht, wie ich ein wenig schwanke, als ich zusammen mit Moritz die Bühne betrete. Dass mein Herz wumpert wie beim ersten Date mit der Liebe meines Lebens. Dass ich kaum Luft bekomme. Kurz, dass ich mich genauso fühle wie einst bei den Bundesjugendspielen nach dem 800-Meter-Lauf.

Auch im Sitzen kann ich natürlich das Mikro in die Hand nehmen und mal näher dran-, mal weiter weghalten, je nachdem wie laut ich schnaufe. Ich halte es ziemlich weit weg, während wir mit verteilten Rollen meine Nummer *Klappentexte* lesen, in der es darum geht, wie ein Roman aussähe, würden eine Frau und ein Mann ihn gemeinsam schreiben, im Stil ihrer Lieblingsliteratur. (Das hat nichts mit Rollenklischees zu tun! Ganz ehrlich! Ich fange an, dann folgt Moritz.)

Ich: »*Der Geheimagent Jim und die Büroangestellte Maren verlieben sich ineinander. Schnell kaufen die beiden ein wunderschönes Haus und ziehen zusammen ein. Jim hängt den Agentenjob an den Nagel, wird Hausmann und kümmert sich nur noch um Maren…*

Moritz: … offiziell, aber auch nur, um sein Leben und das von Maren durch eine Scheinidentität zu schützen. Doch er weiß zu viel und eines Nachts wird er bestialisch …

… stinkend von einem herrlichen Knoblauchgericht, das er für sich und Maren zubereitet hat, von Polizisten angehalten, als er auf dem Weg zur Tankstelle ist, um noch etwas Wein zu kaufen. Eine hübsche junge Beamtin weist ihn darauf hin, dass sein Rücklicht kaputt ist …

… das ist aber nur ein Vorwand, denn die Straßenkontrolle besteht in Wirklichkeit aus kolumbianischen Separatisten, und für Jim ist die Lage aussichtslos. Schnell wird er überwältigt …

… von der Schönheit der jungen Kolumbianerin, und sie verlieben sich …

… nicht ineinander, denn die politische Sache steht für die Terroristen im Vordergrund! Deshalb metzeln sie Jim nieder! So!

Ein böser, böser Traum! Als Maren aufwacht und Jim ruhig atmend neben sich liegen sieht, ist sie beruhigt …«

Im Saal herrscht eine ausgelassene Stimmung und dadurch werde ich auch etwas ruhiger, bekomme sogar ab und zu ganz normal Luft. Während des Spielens schiele ich immer wieder auf den Ablauf, hake in Gedanken eine Nummer nach der anderen ab und bin froh, dass die Zeit schneller vergeht, als ich befürchtet habe. Die Menge tobt, mein inneres Toben ebbt ab, ich werde konzentrierter und finde mich ausreichend schlagfertig. Alles in allem bekomme ich die Stunde sehr gut hin. Aber sie hat mich sehr viel Kraft gekostet, ich bin fix und fertig. Was für das Publikum ein Spaß von routinierten Komikern war, war für mich die Besteigung des Taj Mahal ohne Kohlenstoffgerät.

Was Comedians (außer mir) auch gut können, ist feiern. Eigentlich auch ohne Grund, aber diesmal begießen wir die schöne Sendung, und auch ich versuche, ein Kölsch zu trinken. Wie, so schlecht schmeckt das jetzt auch wieder nicht? Darum geht's nicht. Intravenös wäre besser, da müsste ich nicht schlucken.

Die Erbse hat mich bis nach Köln begleitet, es wird wohl eine Flugerbse sein. Denn auch diese Nacht wird schlimm. Durch das Hin- und Herwälzen wetze ich die Matratze so weit ab, dass ich irgendwann direkt auf der Erbse liege, die sich inzwischen in einen Pflasterstein verwandelt hat.

Ich nutze also die Zeit bis zum Morgen, um den Abend noch mal Revue passieren zu lassen und mir einzureden, dass jeder Einzelne im Raum und zu Hause vor dem Radioapparat mich für die unentspannteste Person seit der Queen gehalten hat. Als mir langweilig wird, mich wegen Vergangenem, an dem ich sowieso nichts mehr ändern kann, zu quälen, erfinde ich munter tausend Horrorszenarios, wegen derer es sich lohnt, mich vor der kommenden Veranstaltung, einer Mixed-Show in Oberhausen, zu fürchten. In der sicheren Gewissheit, am nächsten Tag auf der Bühne zu kollabieren und vor versammeltem Publikum einen mindestens viereinhalbstündigen Todeskampf auszufechten, stehe ich gegen fünf auf, weil ich sowieso nicht schlafen kann, und mache mich mehr oder weniger frohgemut auf den Weg.

Kurz vor dem Kölner Bahnhof erreicht mich eine wunderbare Mail von Moritz Netenjakob, die mich zu Tränen rührt: *»Liebe Käthe, ich wollte mich noch mal ganz herzlich für gestern bedanken! Das war große Klasse. Und nach längerem Überlegen bin ich zu dem Schluss gekommen, dass es in Deutschland keine Frau gibt, die auf so hohem Niveau Komik performt wie du. Ganz liebe Grüße, (…) Moritz.«*

Und ich stehe auf der Domplatte und heule wie ein Schlosshund, weil ich mit all meiner tollen Komik nichts anfangen kann und eigentlich nur meine Ruhe haben möchte, zu Hause sitzen und meine Balkonpflanzen pflegen möchte.

Und dennoch sehe ich mich nicht als traurigen Clown, als Harlekin mit der Träne im Gesicht, als ständig grinsenden Delfin, dem tatsächlich das Lachen schon längst vergangen ist. Schade ist, dass ich zwar andere Menschen zum Lachen bringe, es aber für mich gleichzeitig Schwerstarbeit geworden ist. Zurzeit geht es tatsächlich nur noch darum, alle Auftritte, die ausgemacht sind, irgendwie hinzukriegen und mich dazwischen auf Inseln zu retten: Tage zu Hause, an denen ich ausruhen kann.

Aber das wird vorbeigehen. Im Gegensatz zum Delfin im Becken kann ich ja immer noch selbst bestimmen, wann ich bleiben und wann ich gehen will. Meistens jedenfalls.

Und außerdem ermuntert mich ja meine nervige innere Stimme: »Stell dich nicht so an, du kriegst das hin, das ist dein Beruf, was ist denn dabei, du ziehst das durch.« Kein Gedanke daran, etwas anderes zu machen. Ich lebe davon, ich verdiene mein Geld damit, und es ist ein Beruf, der Spaß macht. Also macht er auch mir Spaß.

Tröööt.

ICH WEISS KEINE LÖSUNG, BEWUNDERE ABER DAS PROBLEM

Was habe ich eigentlich für ein Problem mit mir und meiner Arbeit? Ich kann doch meistens ausschlafen. Und mein Geld verdiene ich dann, wenn ich wach bin, mit dem, was ich am liebsten mache: Ich bringe das Publikum zum Lachen! Menschen bezahlen Eintritt dafür, mich mit meinen Nummern auf der Bühne zu sehen, Quatsch, den ich mir ausgedacht habe! Ich fasse es nicht!

Ständig treffe ich neue Leute, lerne unbekannte Orte kennen: Büttelborn, Heckenbeck und Scherzheim. In Letzterem mache ich natürlich gern Vorpremiere, Nomen ist schließlich Omen. In Fernsehen und Radio trete ich manchmal auf; zusammen mit lustigen Kollegen habe ich wunderbare Abende, während der Show und danach beim Feierabendbier. Wir sind eine große Familie.

Komikerin ist ein herrlicher Beruf, wer sonst kann das von seinem Beruf sagen? Außer vielleicht der Tierpfleger bei Hagenbeck, der unentwegt mit den Kattas (Halbaffen mit schwarzweiß geringeltem Schwanz) kuscheln darf.

Anstatt von morgens bis abends zu frohlocken, höre ich mich aber quengeln: »Mimimi, mir ist das zu anstrengend, mir ist das zu viel, immer unterwegs, ich kann im Hotel nicht schlafen, ständig diese Reiserei, ich will auch mal zu Hause sein …« Oder anders gesagt: Zu Hause türmen sich die Seifenstückchen aus den Hotels dieser Welt – oder immerhin aus deutschen –, wir haben Seife auf dem Gästeklo für die nächsten zwanzig Jahre, ich muss eigentlich nicht mehr los …

Gleich darauf tobt meine innere Stimme: »Wie bitte!? Bist du noch zu retten? Du hast einen Traumberuf! Selten klingelt bei dir mal ein Wecker! Du hast Tagesfreizeit! Am helllichten Tag kannst du mit den jungen Müttern und ihren Kinderwägen im Café rumlungern! Und Zugfahren ist das neue Couching, da kann man schlafen, lesen und auf dem Laptop Filme gucken! Ich meine, geht's noch? Andere quälen sich jeden Tag zur langweiligen Arbeit bei ihrem Ätz-Chef, hatten eine miese Kindheit, ihr Erwachsenenleben ist auch nicht viel besser – und du jammerst, dass du ›im Hotel nicht schlafen kannst‹! Im Hotel mit Whirlpool und weichen Kissen und riesigem Frühstücksbuffet und Minibar! Und du kommst an mit einer ›Angststörung‹! Was soll denn da ein Gehirnchirurg sagen, der hat richtig viel zu tun und riesige Verantwortung, oder eine Bundeskanzlerin, ständig im Rampenlicht und von allen angefeindet und auf Reisen, ohne Ende auf Reisen, oder ein Friedhofsgärtner, den ganzen Tag unter Toten. Äh, über Toten. Ach, egal. Jedenfalls jammerst du auf sehr hohem Niveau, mein Fräulein!«

Fräulein sagt man nicht mehr. Und jetzt hör mal auf und mir zu, innere Stimme! Auch wenn ich vielleicht auf hohem Niveau jammere, ist die Tingelei nicht nur ein Zuckerhof.

Erstens übernachte ich nicht ständig in Sternehotels. Da sind durchaus auch mal welche mit angeschimmeltem Bad dabei, Pulverrührei zum Frühstück und Teppichboden, der aus dem entstanden ist, was über die Jahre heruntergefallen ist.

Da fällt mir gerade ein, dass ich in einer Wissenssendung mal gesehen habe, dass der Mensch im Laufe seines Lebens fast drei Tonnen Haut verliert! Ist das nicht toll? Daraus könnte man glatt ein paar neue Leute zusammenkleben. Und in so einem Hotelzimmer ist das ja nicht nur Haut … Ich lasse Ihnen, lieber Leser, liebe Leserin, an dieser Stelle ein wenig Platz für Ihre eigenen inneren Bilder.

Und zweitens gibt es in meinem Beruf ja schon auch so etwas wie Druck. Ich möchte gut sein. Immer. Überall. Denn schließlich bekomme ich ja eine direkte Rückmeldung vom Publikum. Beziehungsweise, wenn's blöd läuft, keine Rückmeldung. Wie heißt es so schön? »Applaus ist das Brot des Künstlers.« Und wenn der mal monatelang ausbleibt, ist Existenzangst durchaus berechtigt. Habe ich mir sagen lassen.

Oder man bekommt eine schlimme Kritik und nimmt sich die sehr zu Herzen. Leider ist es so, dass man nach einem rauschhaften Abend denselben sofort vergisst, wenn man eine schlechte Kritik darüber liest und sich nur noch an dem Artikel aufhängt. Im übertragenen Sinne hängt man sich auf, versteht sich.

Oder man will Hallen bespielen, die Hallen wollen aber lieber von anderen bespielt werden, und darüber ist man bestürzt.

Mir haben größere Menschenmassen eigentlich schon immer eher Respekt eingeflößt. Natürlich war es, wenn es dazu kam, dass ich vor einem richtig großen Publikum stand, auch herrlich, auf dem Gelächter der Menschen zu surfen. Aber davor war es jedes Mal sehr aufregend. Werden sie das, was ich mache, mögen? Was ja auch mit einschließt: Werden sie mich mögen, die Menschen da draußen vor der Bühne?

Die Probleme, die der Laie und die Laiin sich so vorstellen – hoffentlich klappt alles, hoffentlich habe ich keinen Blackout, hoffentlich funktionieren meine Playbacks und hoffentlich fällt mir der Himmel nicht auf den Kopf –, sind allesamt zweitrangig. Damit kann man umgehen. Damit kann ich umgehen. Aber nicht gemocht zu werden, ist schwierig.

Was ich sagen möchte: Ja, Druck gibt es. Aber spürt den nicht fast jeder in seinem Beruf? Außer vielleicht Katta-Pfleger, Friedhofsgärtner und der Papst. Aber ach, ich weiß viel zu wenig vom Papstberuf. Eines weiß ich: Der Papst hat bestimmt noch nie in seinen Kalender geguckt und gesagt, »Huiuiui, im Frühjahr 2023 habe ich noch fast keine Termine – Zeremonienmeis-

ter, beschaffe er mir Audienzen, *Urbis* und *Orbis* und was es sonst noch so für mich zu tun gibt …«
Dürre Jahre gehören aber genau wie fette zu anderen selbstständigen Berufen dazu (Ist der Papst eigentlich angestellt? Bei der katholischen Kirche?). Deswegen muss ich ja nicht gleich eine Angststörung bekommen!

Wenn das jeder hätte, der im Juli merkt, dass der Februar noch so leer aussieht; jeder, der findet, dass das Publikum manchmal nicht so euphorisch ist, wie er sich das wünscht. Wenn jeder eine Therapie bräuchte, der manchmal eine stressige Zugfahrt hat und in einem ollen Hotel übernachtet, jeder, der sich über eine schlechte Kritik ärgert und auch mal mit einer Mandelentzündung auf der Bühne stehen muss, weil er sonst nichts verdient. Dann wären wir ja alle Alkoholiker, Neurotiker und tablettenabhängig!

Darf ich trotzdem Angst haben? Krankhafte Angst?

Ich finde, ja. Schließlich haben wir unterschiedliche Grenzen. Und werden nicht jünger, außer Benjamin Button, aber so wie der will das ja auch keiner. Alle haben ein Recht auf Angst. Selbst Friedhofsgärtner.

Es gibt Menschen, die sagen, wir Künstler haben Ängste, weil wir die Zeit und die Fantasie dafür haben. Das Tolle am Künstlerdasein ist ja, dass man immerzu rumsitzen kann, ins Nichts stieren und sich dabei überlegen kann, was einem alles Schreckliches zustoßen könnte. Und ich brauche meine Fantasie nicht dafür, mir auszumalen, wie es wäre, keine Ideen mehr zu haben, kein Geld zu verdienen und lustlos in ein Armengrab geschubst zu werden. Nein, ich habe natürlich abstrusere Gedanken, etwa, ob ich die Fahrt mit Bus oder Bahn gemeinsam mit einer verschwitzten, atmenden Menschenmenge auf mich nehmen kann, ein Besuch beim Friseur wegen des langen Stillsitzens (immer wieder dasselbe Problem: nicht wegzukönnen, wenn ich es will) zu waghalsig sein könnte und dass es sowieso an Wahnsinn grenzt, überhaupt aus dem Haus zu gehen, weil da Gefahren lauern, die nur ein Künstler sich ausdenken kann. Meine Ängste sind ein Luxus, habe ich doch so viel Zeit und Fantasie, dass ich mir mein persönliches Armageddon regelmäßig in den leuchtendsten Farben ausmalen kann.

Wie will eine alleinerziehende Mutter überhaupt eine Angststörung bekommen? Die hat doch gar nicht die Muße, sich in die Brisanz von Alltagssituationen hineinzusteigern, sie muss doch arbeiten und sich um ihr Kind kümmern, sie hat doch echte Nöte! Auf der anderen Seite hat sie Struktur. Struktur ist außerordentlich hilfreich. Ach, was gäbe ich für mehr Struktur! Struktur gibt nämlich viel Halt! Wenn man weiß, was man muss, grübelt man nicht darüber, was man könnte.

Aber dennoch haben Manager, Angestellte und Hausfrauen oder -männer und alle anderen genauso das Recht auf Angst: Überforderung, ein doofer Chef, finanzielle Schwierigkeiten, persönliche Niederschläge oder Existenzängste bereiten psychischen Störungen gerne den Weg. »Guten Tag, ich bin's, die Panikattacke, sie fühlen sich alleine mit ihrem Kleinkind und haben Probleme bei ihrem Halbtagsjob in der Buchhaltung? Ach, und Ihr Auto ist kaputt und Ihre Mutter krank? Da hätte mir aber auch nur die Hälfte Ihrer Probleme gereicht. Darf ich reinkommen, ich habe da was für Sie!«

»Äh nee, dann nehme ich lieber die Schuppenflechte. Obwohl … ich überleg's mir noch mal.«

Seit fast einem Jahr bin ich nun wieder gelegentlich bei Herrn Wiersch, aber nichts wird besser – im Gegenteil. Jeder einzelne Auftritt ist ein Höllenritt, und bevor es losgeht, habe ich panische Angst davor, während des Auftritts Angst zu bekommen. Lampenfieber ist nur ein kurzes nervöses Zucken gegen diese fast ununterbrochene Anspannung.

Jede einzelne Fahrt zu einem Auftritt ist mein persönlicher Gang nach Canossa. Alles wird immer anstrengender, denn selbst allein im Zug fällt es mir schwer, etwas zu essen oder zu trinken – und immer nur Bananen auf der Zugtoilette geht, ist aber schwierig. Von der Eintönigkeit für die Geschmacksknospen ganz zu schweigen.

Ich bin fast immer ein Nervenbündel. Autogenes Training hilft praktisch gar nicht mehr, die Literflasche Rescue-Tropfen würde ich mir gern intravenös einflößen lassen, und eine Hand ist immer an den blauen Beruhigungstablettchen, zwar ohne von ihnen Gebrauch zu machen, aber im beruhigenden Wissen, dass ich es könnte.

Je mehr ich auf Tour bin, umso mehr verzweifle ich. Wann hatte ich das letzte Mal einfach nur Spaß auf der Bühne? Wann schmatzend in lustiger Runde mein Tofuwürstchen verzehrt? Ich erinnere mich nicht mehr daran.

Ich war froh, dass Herr Wiersch mir so unkompliziert wieder regelmäßige Termine angeboten hatte. Es war ja wieder höchste Zeit geworden für die Inanspruchnahme professioneller Hilfe. Der Schritt war nicht leicht, musste ich mir doch eingestehen, alleine, lediglich mit der (großen und wunderbaren) Unterstützung meines Partners nicht mehr weiterzukommen.

Also hatte ich meinen Therapeuten gebeten, unsere gelegentlichen »Coaching«-Treffen in eine regelmäßige, richtige Therapie umzuwandeln, bangend, dass er vielleicht keine Zeit für mich haben könnte. Schließlich hatte er mir schon sehr gut helfen können.

Aber nein, er freute sich, für mich habe er immer Zeit, und wir machten direkt wöchentliche Termine aus, überlegten sogar kurz, ob wir vielleicht ein, zwei Wochen zusammen zelten fahren wollen, einfach, um mal richtig Zeit für meine Probleme haben zu können.

Vielleicht hätte mich das stutzig machen sollen, hört man doch überall nur von mangelnden Therapieplätzen und monatelangen Wartezeiten. Und obschon ich mir das mit dem Zelten natürlich nur ausgedacht habe und ich außerdem überhaupt nicht mit meinem Therapeuten zelten gehen möchte, freute ich mich, dass Herr Wiersch regelmäßige Termine für mich hatte. Das hing gewiss damit zusammen, dass er mich gut kannte und mir kurzfristig helfen wollte.

Vielleicht hoffte er auch einfach, nur ein, zwei Übungen mit mir machen zu müssen und mich dann vergnügt und neugeboren nach Hause schicken zu können. Hahaha, so ein Scherzbold!

Das letzte Mal ist einige Wochen her, aber dennoch ist alles wie immer, als ich die Praxis betrete. Vielleicht ein bisschen mehr Chaos als sonst im Behandlungsraum, aber das finde ich ja eher sympathisch. Ob all diese Dinge in der Therapie verwendet werden? Die russische Matroschka-Puppe, die Stofftiere und die bunten Holzklötze? Die Karten auf dem Fensterbrett sind wahrscheinlich alle von zufriedenen Kunden, äh, Patienten.

Obschon es sich vertraut anfühlt, wäre ich doch lieber nie wieder hierhergekommen beziehungsweise hätte ich lieber keinen Grund, Herrn Wiersch wieder regelmäßig aufzusuchen. Es fühlt sich an wie eine Niederlage so muss es einem Kind gehen, das seit einiger Zeit selbstständig aufs Klo geht, nun aber doch wieder ins Bett gemacht hat. Warum ich diesen Vergleich wähle? Das mag ein Psychologe beurteilen …

Es ist einfach gut zu wissen, dass da jemand ist, der mich lange kennt und der mir schon sehr helfen konnte. Die Situation ist vertraut, wenn der Mann auch im Laufe der Jahre ein bisschen grauer geworden ist. Er strahlt Ruhe und Zuversicht aus, eigentlich wie immer.

Jetzt wird alles gut.

Wie früher geht es mir jedes Mal besser, wenn ich mich mit Herrn Wiersch unterhalten habe. Er macht mir Mut, stärkt mir den Rücken und erklärt mir ein ums andere Mal, dass es ganz normal ist, wie ich mich fühle, und rät mir aber doch immer wieder dazu, mein zweites Standbein, das Schreiben, auszuweiten und mich nicht nur auf die Auftritte zu verlassen, weil das doch alles sehr anstrengend sei, ich auch nicht jünger würde und das Touren vielleicht gar nicht mehr »mein Beruf« sei. Wir sprechen viel über das Thema, käuen aber auch alte Kindheitsthemen wieder durch und kommen ansonsten nicht so richtig weiter. Einmal schläft er während der Sitzung ein. Ich erzähle gerade mit Tränen in den Augen von einem schlimmen Zwischenfall, Aufruhr, Panik, als ich plötzlich leises Schnorcheln von meinem Gegenüber vernehme. Um ihn nicht zu wecken, rede ich einfach weiter. Nach wenigen Minuten wacht Herr Wiersch auf und reagiert vorbildlich auf das zuletzt Gesagte. Damit könnte er im Fernsehen auftreten!

Schon länger ist mir aufgefallen, dass er unkonzentriert ist, müde und abwesend wirkt und das Chaos in seinem Behandlungsraum immer größer wird. Auf einem neu aufgestellten Sideboard häufen sich Papiere und Ordner.

Weil ich die meiste Zeit aber megaangespannt bin und Herr Wiersch mir trotz allem immer eine Stunde lang Sicherheit vermittelt, die ich nicht aufgeben möchte, und weil ich das Gefühl habe, dass es mir nicht zusteht, frage ich nicht nach, was mit ihm los ist. Auch wenn er immer wieder vergisst, was ich ihm in der letzten Stunde erzählt hatte, oft einfach todmüde zu sein scheint und ich überhaupt keine Linie in seiner Behandlung erkennen kann.

Hinzu kommt, dass ich nicht »nur reden« möchte, ich will wissen, was ich machen kann, damit es mir besser geht. Ich möchte wieder mit anderen Menschen essen und trinken, ich will insgesamt lockerer sein und meinen Beruf wieder entspannt ausüben können. Eine richtige Therapie möchte ich, denn das hier fühlt sich nicht danach an. Ich möchte einen Plan, will Übungen machen, merken, dass er eine Strategie verfolgt, eine, die mich gesund machen kann, ich brauche Aha-Erlebnisse. Unsere Treffen haben nach wie vor etwas von einem Plausch mit einem freundlichen, vertrauten Nachbarn. Herr Wiersch strahlt mich an, wenn ich komme, ganz so, als sei er froh, sich neben den ganzen anderen Problemfällen mal mit einer einigermaßen »normalen« Person unterhalten zu können. Ich mag ihn, ja. In seiner Praxis fühle ich mich wohl, und für den Moment hilft mir das Gespräch mit ihm mehr als mit jedem anderen. Schließlich ist er ja Therapeut, er hat Psychologie studiert, kennt sich aus und wird schon wissen, wie er mir helfen kann.

Was mich wundert: Die letzten Male habe ich einen vom Facharzt unterschriebenen Antrag auf Psychotherapie zu Herrn Wiersch mitgenommen, damit er ihn zusammen mit einem ausführlichen Bericht an die Krankenkasse schickt. Von dort erhalte ich dann normalerweise ein paar Wochen später ein Schreiben, dass die Therapie genehmigt wird. Dieses Mal vermisse ich diesen Brief der Kasse. Als ich Herrn Wiersch danach frage, sagt er mir: »Ach ja, ich habe den Antrag noch nicht losgeschickt. Ich bin noch nicht dazu gekommen.« Oder: »Stimmt, das muss ich auch noch machen. Mache ich in den Osterferien.« Aus den Osterferien werden Sommer-, Herbst- und Weihnachtsferien, und er hat den Antrag immer noch nicht abgeschickt. Ich bin ja schon schludrig und undiszipliniert wie eine Dreijährige, Herr Wiersch scheint noch schlimmer zu sein.

Eine klare Linie kann ich immer noch nicht erkennen, zwar sind die Treffen kurzfristig meist recht wohltuend, sie wirken aber nicht nach, und ich bin weit davon entfernt, dass es mir besser geht.

Eigentlich müsste ich den Therapeuten wechseln, es scheint schon alles gesagt zu sein, jedes elterliche Feld umgepflügt und jedes Muster erkannt. Mein Therapeut vermittelt mir ein ums andere Mal, dass er eigentlich auch ratlos ist. Herr Wiersch schlägt immer wieder mal – bevor er einnickt – einen Berufswechsel vor und ist ansonsten freundlich und ermutigend.

Ich merke, dass ich mich nicht wohlfühle in dieser Situation, zwar radle ich immer wieder sehr hoffnungsvoll in seine

Praxis, weiß aber nach einiger Zeit gar nicht mehr so genau, warum eigentlich. Die Abstände zwischen den Sitzungen werden länger, er kann nicht mehr jede Woche und erwähnt immer wieder, dass er zu viel arbeitet, dass er Urlaub braucht und dass er, wenn er mal frei hat, jede Minute nutzt, um zu schlafen. Nicht nur wenn er frei hat, denke ich im Stillen.

Ich mache mir Sorgen um ihn und habe das Gefühl, ihn nicht hängen lassen zu dürfen. Das ist natürlich so nicht vorgesehen, andersrum wird eigentlich ein Schuh draus. Aber ich habe den Eindruck, ihm ein wenig Freude in seinen tristen und beschwerlichen Therapeutenalltag zu bringen, gleichzeitig fürchte ich mich vor dem Moment, wenn ich ihn nicht mehr »besuchen« kann. Denn dann würde ich mich richtig allein fühlen; trotz seiner offenkundigen Unzulänglichkeiten setze ich immer noch viel Hoffnung in ihn, Hoffnung, dass er mir helfen kann wie früher. Er ist für mich da, wer weiß, ob ich so schnell einen anderen finde; ohne Therapeut zu sein, macht mir Angst, ich wäre ziemlich hilflos, befürchte ich. Nur: Ich kenne ihn schon so lange, er weiß alles von mir und über mich, aber irgendwie kommen wir beide nicht weiter.

Meine »inneren Teile« reden miteinander während der Therapiestunde, das ist interessant, aber es löst sich nichts. Im Gegenteil: Meine Ängste werden immer schlimmer. Einerseits spüre ich deutlich, dass ich mit Herrn Wiersch endlich »Schluss machen« muss, andererseits bringe ich es nicht übers Herz. Er braucht mich doch auch! So schleppe ich mich also von Stunde zu Stunde, mal mehr, mal weniger erleichtert, wenn ich seine Praxisräume verlasse. Freunde raten mir dringend, den Therapeuten zu wechseln, weil ich stagniere. Ich selbst befürchte, dass ich vielleicht »austherapiert« bin, dass es da einfach nichts mehr zu besprechen gibt, dass es keine neuen Erkenntnisse gibt, dass ich jetzt mit meinen Ängsten leben muss.

Was mir in dieser Zeit wirklich hilft, kommt nicht von Herrn Wiersch, sondern von meinem Freund Frederik, der selbst eine Therapie macht. Er empfiehlt mir ein Buch inklusive CD mit Entspannungsübungen und Meditationen. Ich beginne zu Hause damit zu arbeiten, mache die Übungen und merke, dass sie mir sehr guttun. Ich erzähle Herrn Wiersch davon, er habe »auch schon mal davon gehört« und erklärt mir dann unwirsch, dass er mit mir ja auch schon einige der Entspannungsübungen gemacht hat und das also nichts Neues für mich wäre. Ist es aber doch, und in dieser Zeit retten mich die Übungen oftmals, weil ich zum Beispiel bei den angeleiteten Körperreisen, bei denen ich in Ruhe mit der Aufmerksamkeit von meinen Zehen bis zum Scheitel wandere, wenigstens ein bisschen zur Ruhe komme. Gleichzeitig ist es unbefriedigend, dass ich mir selbst helfen muss, weil mein Therapeut nicht dazu in der Lage zu sein scheint, im Gegenteil, er scheint ja selbst Hilfe zu benötigen. Natürlich sind Therapeuten auch nur Menschen. Noch.

Oder ist das am Ende alles nur Teil eines ausgebufften Therapeutenplans? Alles so gewollt? Als ich mit Frederik darüber spreche, dass Herr Wiersch ab und an einnickt während der Sitzung, erklärt er, dass seinem Therapeuten das auch schon mal passiert sei und er aber davon ausgeht, dass »die das mit Absicht machen«. So quasi als sogenannte Paradoxe Intervention. Sie wollen den Patienten wütend machen, spekulieren wir: Wir sollen die Gefühle, die wir für andere hegen, wie zum Beispiel unsere Eltern, auf sie projizieren und dann ersatzweise auf unseren Therapeuten wütend sein.

»Oder sie sind manchmal einfach nur müde«, stellt Frederik versonnen fest.

In mir wächst die Ungeduld. Wie soll es denn mit Herrn Wiersch weitergehen, und warum gehen die Ängste nicht endlich weg? Liegt die Ursache für die Panik vielleicht nur in meinem Beruf, der mir zu anstrengend geworden ist? Oder gibt es da noch mehr, das sich irgendwo in den Untiefen meiner Seele versteckt? Wir kommen nicht weiter. Und obschon mein Therapeut mir mehrfach glaubhaft vermittelt, dass er nicht weiß, was er noch machen kann, um mir meine Ängste zu nehmen, halte ich an unserer Beziehung fest. Denn auch eine Therapeut-Patientin-Sache ist eine Art Beziehung. Ich bin nun wieder fast anderthalb Jahre mehr oder weniger regelmäßig bei ihm, und die einzige Erkenntnis, die wir gewonnen haben, ist, dass es keinen Sinn ergibt, meinen Beruf so auszuüben, wie ich es derzeit mache, nämlich unter einer schier unerträglichen Anspannung mit Tränen, Schlaflosigkeit und Angst, Angst und Angst.

Die Zweifel an Herrn Wiersch werden übermächtig. Bisher hat er den Antrag bei der Krankenkasse immer noch nicht eingereicht, fürchte ich. Als ich ihn eines Tages abermals darauf anspreche, weicht er aus. »Äh, ja, der Antrag … Ich kann Sie da anders abrechnen«, heißt es da plötzlich.

Es ist ein sonniger, klirrend kalter Tag, und draußen zwitschert eine Amsel. Wie oft habe ich hier gesessen, war verzweifelt, hatte auf diesen Termin hingefiebert und bin voller Hoffnung oder auch tieftraurig, weil wir doch irgendetwas Unangenehmes herausgefunden haben, wieder gegangen? Wie oft war ich aber in letzter Zeit einfach nur noch hilflos, weil etwas in mir spürte, dass Herr Wiersch schon lange nicht mehr der Therapeut war, der mir helfen konnte?

Ich frage nach: »Anders abrechnen? Wie denn?«

»Na ja, ich, äh, um genau zu sein: Ich hab's einfach nicht hingekriegt. Das Formular auszufüllen, den Antrag zu stellen. Ich bin komplett überarbeitet. Ich habe eine Sechzig-Stunden-Woche. Und in den Ferien habe ich auch nicht frei, sondern mache alles, was sich an Schreibarbeiten und Bürokram angesammelt hat.« Er hat Tränen in den Augen.

Entgeistert frage ich ihn: »Was sagt ihr Supervisor dazu?«

Er macht eine wegwerfende Handbewegung: »Ach, den sehe ich schon lange nicht mehr. Der hat keine Ahnung.«

Oh-oh, denke ich, das, meine Damen und Herren, hört sich nicht gut an. Im Gegenteil.

Vorsichtig frage ich nach: »Sie meinen, Sie haben so viel zu tun, dass Sie meinen Antrag nicht weggeschickt haben, und deshalb schleppen Sie mich hier für lau durch?«

Er sieht mich mit großen Augen an, nickt kaum erkennbar: »Ich habe Sie doch ins Herz geschlossen!«

»Das geht nicht. Das ist doch Ihr Job! Sie müssen doch Geld dafür bekommen!«

Ich habe wirklich das Gefühl, dass ich gerade meinen Therapeuten therapiere. Dass es ihm tatsächlich guttut, wenn ich mit meinen Nöten komme. Dass ich ihm damit helfen muss! Oder ist das wieder eine Art Paradoxe Intervention? Also, dass es mir zwar als Widerspruch erscheint, wenn ich mir überlege, was ich für meinen Therapeuten tun kann, ich mir dadurch aber in Wirklichkeit selbst helfe?

Potzblitz, ich habe das doch nicht studiert und weiß nicht, ob er jetzt selbst einen Therapeuten dringend nötig hat und ich nicht dieser Therapeut bin – oder ob er einen derart perfiden Plan ausgearbeitet hat, bei dem minutiös ein Rädchen ins andere greift und ich nach seinem Befolgen schlagartig von meinen krankhaften Ängsten befreit bin. Mein Gefühl (dem zu trauen, mir ja nicht so wahnsinnig leichtfällt) sagt mir, dass Herr Wiersch ein ernsthaftes Problem hat. Für eine Angstpatientin eine durchaus erschütternde Erkenntnis.

Ohgottohgottohgott, was ist nur mit diesem Mann los? Fast bin ich froh, dass er mir jetzt die Gelegenheit gibt, endlich »Schluss machen« zu können. Es fühlt sich wirklich so an.

»Ich möchte nicht, dass Sie mich hier kostenlos behandeln!« Das ist unprofessionell, und weitergekommen bin ich mit meinen Ängsten ja auch nicht, so will ich das nicht, möchte ich hinzufügen, lasse es aber.

»Überlegen Sie es sich. Sie sind hier immer willkommen. Jetzt sind ja erst einmal Ferien. Wollen wir einen Termin fürs neue Jahr ausmachen?«

Er klingt verzagt.

Ich überlege. Und obschon ich jetzt schon genau weiß, dass ich diese »Therapie« nicht mit ihm weitermachen möchte, nehme ich diese Entscheidungszeit gerne an.

Nach Herrn Wierschs Urlaub mache ich Schluss.

Jeder gesunde Mensch hätte sich vermutlich schon längst verabschiedet, aber wenn man sich selbst so hilflos fühlt, kann selbst ein Strohhalm wie ein Anker wirken. Natürlich habe ich gehofft, dass er sich wieder einkriegt. Dass aus diesen diffusen Halbschlafsitzungen wieder eine Therapie wird, eine, die mir wirklich hilft. Und, ebenso natürlich, habe ich immer wieder gedacht: »Das geht so nicht weiter!«, und hätte mich gleichzeitig wie der alleinigste und ängstlichste Mensch auf der ganzen Welt gefühlt ohne meinen Herrn Wiersch.

Als ich ihm mitteile, dass ich nicht mehr zu weiteren Terminen anreise, rät er mir, nicht gleich wieder einen neuen Therapeuten zu suchen. Wir hätten ja alles besprochen, und es gelte für mich nun, alleine klarzukommen.

Ich sehe das anders.

Und begebe mich auf die Suche.

EVERYDAY-PANIC

Muss ich dieses scheußliche Gefühl lieben? Dieses Gefühl der äußersten Anspannung, das macht, dass ich mich zu Hause verstecke, dass ich nicht mehr am normalen Leben teilhaben kann und abends erschöpft von einem eigentlich unspektakulären, für mich aber sehr anstrengenden Tag ins Bett falle. Was, bitte, bringt es mir, wenn ich es mag? Ich mag ja auch keinen Fenchel.

Sich zu fragen, was toll daran ist, vieles nicht mehr machen zu können, ist doch schon eigentümlich. Muss ich das dennoch?

Vielleicht kann ich ja das Gemüse mit Fenchel besser essen, wenn ich mir nicht vor jedem Bissen sage: »Igitt, da ist Fenchel drin, bäh, gleich beiße ich bestimmt wieder auf ein Stück, und das verdirbt mir dann das ganze Essen, ekelhaft!« Es könnte reichen, einfach zu sagen: »Gut, dass da Fenchel im Essen ist, hab ich gemerkt, schmeckt nicht sonderlich, aber das ist jetzt eben so, und ich esse das Gemüse trotzdem. Ich kann mich ja auf die knackige Paprika, die feinen Auberginen und den süßen Mais konzentrieren. Immerhin versuchen kann ich das!«

Aber Angst ist kein Fenchel. (Schöner Buchtitel, übrigens. Den merke ich mir für das nächste Buch …) Der Vergleich hinkt. Er schleppt sich geradezu einbeinig über die Streets of No Return. Lieber Fenchel schon im Morgenmüsli als Angst in der U-Bahn.

Natürlich geht es mir besser, wenn ich mich nicht auch noch dafür geißele, Angst zu haben. Mich nicht jedes Mal wie ein Fußballverein nach der verlorenen Relegation fühle, weil ich auf halber Strecke in die Stadt schweißgebadet umgekehrt bin. Wenn ich nicht verzweifle, weil ich beim Eisessen mit einer Freundin nach einem Löffelchen genug habe, weil selbst das Eis ja geschluckt werden muss (wenn man es denn genießen und nicht direkt auf den Boden kippen möchte).

Mir gütig in die Augen zu sehen (im Spiegel natürlich!) und zu sagen: »Es ist jetzt eben so. Zurzeit kann ich manches nicht«, würde wahre Größe mir gegenüber bedeuten. Die scheine ich mir aber lieber für andere Leute aufzuheben. Ich schäme mich. Ich verzweifle. Bin ungeduldig. Will das nicht. Möchte normal sein. Und stresse mich dadurch natürlich nur noch mehr. Dabei wäre es so enorm wichtig, zwischen dem ganzen Stress auch mal Ruhepausen zu haben. Und einfach auf dem Sofa zu liegen und einen Film zu gucken. Oder mit meinem Freund in den Wald zu gehen, nicht zu weit weg von zu Hause und mit Wasser, Tabletten und Halsbonbons in der Tasche, versteht sich. Wasser, falls ich mich verschlucke, Bonbons, falls ich ein Kratzen im Hals habe, was mich manchmal auch schon panisch werden lässt, und Tabletten, falls ich eine Panikattacke bekomme.

Die Angst annehmen, ihr dankbar sein klingt arg nach esoterischem, wenig hilfreichem Gefasel. Wieso sollte ich für etwas dankbar sein, das mich streckenweise lähmt, mich erschöpft und traurig macht, meinen Bewegungsradius einschränkt und mich unfrei werden lässt?

Doch, dafür gibt es genügend Gründe: Weil meine Seele anscheinend nicht aus einem schier unerschöpflichen Füllhorn an Möglichkeiten auswählen kann, wie sie mir einen Missstand mitteilt, bedient sie sich eben der Angst. Es muss einen ja auch stören, damit man etwas merkt. Ein feineres Hautbild, das Verschwinden überschüssigen Bauchfetts oder plötzlich unfallfrei in High Heels laufen zu können – das würde wohl niemanden zum Umdenken bringen. Meine Seele will mir etwas Bestimmtes sagen, sie schreit mich an, über Jahre, ich bemerke zwar, dass etwas nicht in Ordnung ist, mache aber einfach so weiter. Dann schickt sie einen stummen Boten ohne Hände, ohne Briefchen in den Taschen, der mich eindringlich ansieht, und ich verstehe ihn nicht, schicke ihn weg, will ihn nicht in meiner Nähe. Er geht nicht, sondern kommt näher, setzt sich in mein Wohnzimmer, begleitet mich auf Schritt und Tritt wie ein Stalker der übelsten Sorte. Er bedrängt mich penetrant, bis ich mich endlich mit meiner Seele auseinandersetze.

Mir wird klar, was schiefläuft, ich kann es ändern, habe ein besseres Leben und brauche ihn – sie, die Angst – nicht mehr. »Bäm!«, sagen die jungen Leute an der Stelle wohl. Eigentlich sollte ich also meiner Seele sehr dankbar sein. Sie tut, was sie kann, um mich aufzurütteln und mir zuzurufen: Kümmere dich um dich! Es stimmt etwas nicht!

Schöner wäre natürlich, sie könnte mir eine E-Mail schicken und mir darin erklären: »Du, Käthe, damals als Kind wast du ja total abhängig von deiner Mutter. Und jetzt biste doch erwachsen, und dann brauchste dich gar nicht mehr so wie damals zu fühlen. Denk doch da mal drübber nach. Tschaui, deine Seele.« Das wäre viel zu einfach. Und schließlich ist das alles ewig her, und an einen im 16. Jahrhundert versteckten Schatz kommt man ja auch nicht einfach so per Navi ran. Da gibt es Umwege, Fallen, Hinweise, Schatzkarten und ja, Mitstreiter, erfahrene Schatzjäger wie etwa Therapeuten, die mich irgendwann auf den richtigen Weg bringen können.

Und wenn ich mir jetzt darüber bewusst werde, dass ich als Kind immer gelernt habe, brav und lieb zu sein, und deshalb meine, das heute auch noch sein zu müssen, kann ich versuchen, dieses Muster zu durchbrechen, und endlich erwachsen werden und mich nicht mehr von irgendwelchen Menschen, die meine Mutter ersetzen, abhängig machen, sondern richtig eigenständig werden und sein.

Deshalb: Vielen Dank, liebe Angst! Vielen Dank, dass du die ganze Zeit Alarm machst! Ich hab dich lieb. (Aber ohne dich ist's schöner.)

Für einen Bekannten von mir ist es schwerer, die Angst zu mögen. Er hatte einen Schlaganfall, mit Mitte vierzig. Und, allmählich wiederhergestellt, begleitet ihn nun fast überallhin die Angst, es könnte abermals passieren. Jedes körperliche Symptom wird umgehend untersucht und bewertet, und meist reagiert er mit Angst darauf. Aber er hat gelernt, weniger zu arbeiten und das Leben mehr zu genießen. So banal das klingt, wenn es einen selbst erwischt, kann das die Einstellung zum Leben komplett verändern. Und letztendlich nur guttun.

So muss sich ein sehr alter Mensch fühlen oder ein kranker (was ich ja nicht bin. Oder doch?). Oder fühlt man sich so, wenn man schwanger ist? Oder schwerelos im Weltall? Oder als Superman, der mit Kryptonit in Berührung gekommen ist?

Vielleicht. Ist auch egal, wer sonst noch diese Gefühle hat, mir geht es jedenfalls so. Ich brauche meinen Schlaf, regelmäßig, acht Stunden, am besten in meinem eigenen Bett und mit gekipptem Fenster. Ohne diese Idealbedingungen ist die Schwelle zur Panikattacke sehr niedrig. Leider. Ich bin ein Waschläppchen? Ja, mag sein, aber ist eben so.

Nach einer durchwachten oder auch nur schlecht geschlafenen Nacht bin ich nicht nur dünnhäutig, nein, ich verschwimme geradezu mit meiner Umwelt, habe Kreislaufprobleme, mir ist schwindelig, und selbst die kleinste Anstrengung wird zum unüberwindbaren Hindernis. Ich fühle mich schwächer als Popeye ohne Spinat, verletzlicher als Asterix ohne Zaubertrank und mit Schnupfen – geradezu wie die neue (ungeimpfte) Erzieherin in der übervollen Kita.

Noch mehr als sonst wird jede kleinste Körperregung in mir wahrgenommen, interpretiert und als »sehr bedenklich« eingestuft. Huch, wieso bin ich so neben der Spur? Was machen diese Wolken in meinem Kopf? Oh weh, warum spüre ich meinen Herzschlag heute so deutlich? Kriege ich genug Luft? Kann ich richtig atmen? Ich habe kalte Hände. Ohgottohgott, wird das jetzt eine Panikattacke? Nee, ne? Oder? Vielleicht? Wahrscheinlich. Mit absoluter Sicherheit. Attackeeeee! Alles stresst mich über die Maßen, ich will in mein Bett und die Decke über den Kopf ziehen, aber nur kurz, schließlich kriege ich da drunter nicht besonders gut Luft.

Wenn man jetzt denkt, meine innere Stimme würde sagen: »Mensch, Mädel, wenn du müde bist, trink doch einen Kaffee!«, dann hat man sich aber so was von geschnitten! So fies ist meine »Innere« auch nicht. Kaffee geht gar nicht. Diese frei verkäufliche Droge ist das Kokain der Angsthasen. Puh, das ist überhaupt keine schöne Vorstellung. Alles, was aufputscht, wach macht, den Puls beschleunigt, macht Angst. Normale Körperreaktionen werden in meinem angeschlagenen Gehirn zu Vulkanausbrüchen hochstilisiert.

Ein Schluck normalen, frisch aufgebrühten Bohnenkaffees, und ich bin außer mir. Ich teste das mehrfach. Und weil ich es so erwarte, ist es auch so. Wenn ich die Zeit habe, verbringe ich den restlichen Tag nach dem Genuss eines Tässchens Kaffee mit dem Versuch, zu meditieren, Autogenes Training zu machen oder sonst irgendwie zu entspannen. Kaffee ist nichts für Angsthasen. Also: besser gut schlafen.

Leider gehen Ängste und Schlafstörungen Hand in Hand, sie kennen einander gut und mögen sich, schließlich bedeutet Angst permanente Anspannung, und wer kann schon während eines Psychothrillers, etwa im Kino, tief und fest schlafen? Natürlich ist es insbesondere für einen Angsthasen wichtig zu wissen, – und demnach auch immer daran zu denken –, dass es sehr anstrengend für ihn werden kann nach so einer ungeschlafenen Nacht. Denn dann kann er sich darauf einstellen. Oder, wie ich sage, schon im Vorwege sachlich Risiken abschätzen: »Hoffentlich kann ich heute Nacht gut schlafen, denn wenn ich nicht gut schlafe, wird das morgen ein absoluter Horrortag!« Diese oder ähnliche Gedanken fördern selbstverständlich ein rasches Einschlafen und sind Garant für eine erholsame Nacht.

Fast genauso verheerende Folgen kann es haben, wenn ich nicht rechtzeitig esse. Stichwort Unterzucker. Das schießt mir sofort in den Sinn, wenn ich auch nur ein klitzekleines Hüngerchen verspüre. Ein Blick auf die Uhr, schnell gerechnet, ach du dickes Ei, ich habe seit fast sechs Stunden nichts mehr gegessen, sehr wahrscheinlich bin ich derbe unterzuckert, oh ja, jetzt merke ich's, ich bin sehr schwach, ausgesprochen schwach sogar, halb irre vor Hunger, um genau zu sein, mir ist schwindelig, ich bekomme keine Luft, ich zittere ja, ich brauche Zucker, jetzt, sofort, sonst werde ich mit Sicherheit umgehend verrückt, seht her, wie schlecht es mir geht, aber guckt mich nicht an dabei.

Tatsächlich ist ein Indiz dafür, dass es mir gut geht, dass ich mit einem Hungergefühl gut noch ein, zwei, vielleicht sogar drei Stündchen aushalte, ohne auszuticken.

Ebenso wenig dienlich für einen entspannten Tag sind lange Strecken in vollgestopften U-Bahnen und Zügen, viele Menschen um mich herum – überhaupt, laute Geräusche, schlechte Luft oder starker Gestank, das kann auch Parfüm sein. All das, was einen gesunden Menschen ein bisschen stresst, wird beim Angsthasen, also bei mir, zu einem bedrohlichen Stressfaktor, der mich geradewegs in die Angst treibt.

Schnell wird viel zu viel.

»Newsfasten«, wie es meine Nia-Trainerin nennt, ist deshalb sehr wohltuend. Nachrichten sind mir schnell zu aufreibend, wenn ich mich in einer ängstlichen Phase befinde. Ich bin da sowieso nicht hart im Nehmen, es ist mir unerklärlich, wie jemand gerne Thriller liest oder Horrorfilme guckt.

Für mich kann ein ganz normaler Gang in den Supermarkt ein Horrortrip sein, wahrscheinlich brauche ich deshalb nicht noch zusätzliche Spannung. Da spare ich eine Menge Kinogeld. Oder Geld für irgendwelche Ballerspiele. Auf der einen Seite. Auf der anderen Seite gebe ich eine Menge für Animationsfilme mit schmunzelnden Schäfchen auf der Wiese und fröhlichen

Fischchen im kristallklaren See aus, für beruhigenden Lavendeltee und Glücksromane, Meditationsseminare und Anti-Stress-CDs. Ich weiß nicht, was billiger ist. Auf jeden Fall gibt's bei uns Angsthasen den Thrill ganz umsonst und auch dann, wenn man ihn gerade nicht vermutet.

Gewiss kann ein Kasten Bier auch helfen, locker zu werden. Übertrieben locker sogar. Blöd nur, wenn man keinen Alkohol zu sich nehmen kann, wenn andere dabei sind. Und überhaupt, immer schon mit Grundpegel ins Theater? Das ruiniert den Ruf, habe ich mir sagen lassen.

Beim Nicht-alkoholkrank-Werden helfen mir außerdem abschreckende Beispiele und meine Angst vor Kontrollverlust. Was ist denn, wenn ich zu viel trinke, und dann bekomme ich eine Panikattacke und drehe vollkommen durch, und alle merken das, denken, ich bin des Satans? Ich werde gesteinigt, aus dem Dorf geworfen und lande im Armengrab.

Ich bin davon überzeugt, dass Meditation und Achtsamkeit besser dazu dienen, mit Ängsten zurechtzukommen. Ja, das ist kein Esoterik-Quatsch. Es ist von geradezu nüchterner Logik: Schließlich bedeutet Angst Anspannung, und wer gelassen ist, hat keine Angst. Ich gehe auch davon aus, dass ich ohne meine Transzendentale Meditation, mit der ich 2010 angefangen habe, keine zweieinhalb Jahre mit extremem Stress und Ängsten auf der Bühne ausgehalten hätte. Dabei muss es ja nicht die Art zu meditieren sein, die die Beatles auch schon praktiziert haben. Nein, wenn einem die Beatles scheißegal sind – bitte! Dann machen Sie doch etwas anderes! Fragen Sie doch Miley Cyrus oder Matthias Reim, was die so machen. Das müssen Sie wirklich selbst wissen.

Es gibt gerade heute jede Menge Angebote zum Runterkommen. Jeder kann sich aussuchen, was ihm guttut. Progressive Muskelentspannung, Autogenes Training, Yoga, alle möglichen Formen der Meditation – wunderbar! Gut ist, eine von diesen

Maßnahmen schon in seinen Alltag zu integrieren, solange es einem gut geht. Spare in der Zeit, dann hast du in der Not. Mache ich natürlich auch nicht, aber jetzt, wo ich darüber schreibe, erinnere ich mich daran und nehme mir vor, meine Meditation wieder regelmäßig zu praktizieren.

Achtsamkeit! Überall schreit einem von Buchtiteln und Frauenzeitschriften dieses Wort entgegen. Ja, es handelt sich dabei selten um Überschriften auf dem *Kicker* oder dem *Playboy*. Dabei wäre das prima! Schließlich sind auch Männer nicht mehr aus Stein, so wie früher.

Achtsamkeit: Das hört sich erst einmal entweder nach etwas Selbstverständlichem an: Remple niemanden an auf dem Gehweg und fahre vorsichtig! Und dann klingt es wieder wie aus einer Welt voller Quinoa, Glutenintoleranz und Menstruationstassen. Ist es aber nicht.

Eigentlich heißt Achtsamkeit einfach nur, das zu tun, was man gerade macht. Wenn ich esse, dann esse ich. Ich lese nicht, spiele kein Quizduell auf meinem Handy, stehe nicht zwanzigmal auf, um noch schnell eine E-Mail rauszuschicken, ich esse und schmecke, was ich da zu mir nehme. Es duftet, fällt mir auf. Ich genieße. Und wenn ich staubsauge, dann staubsauge ich. Ich gucke nicht auf mein Handy, ob mir meine Freundin vielleicht gerade eben noch ein sehr süßes Katzenvideo geschickt hat. Oder jetzt. Oder … nein, immer noch nicht. Ich sauge Staub. Oder ich koche, schreibe, mache Sport – und nehme wahr, was in diesem Moment um mich herum ist. Was mit mir in dem Moment ist. Igitt, da ist Fenchel im Salat! Mmmh, Zitrone! Die Vögel zwitschern, die Luft ist kühl auf meiner Wange, da ist ein Muskel, den kannte ich noch gar nicht, lustige Geräusche machen die Tasten auf meinem Notebook …

Und ich nehme nur wahr und bewerte nichts. Bis auf den Fenchel, natürlich, oder, noch schlimmer, Koriander. Ich bin achtsam. Man kann wahlweise auch sagen, ich bin »bei mir«, oder »im Hier und Jetzt« oder wie auch immer.

Achtsamkeit ist etwas, das Angst praktisch unmöglich macht. Denn Angst hat man vor etwas in der Zukunft, vor Ungewissem. Wenn die Leute sehen, dass ich schlecht Luft bekomme, werden sie mich steinigen und aus dem Dorf jagen, und ich lande mittellos im – ja, Armengrab … das sind zwar sehr wahrscheinliche, aber dennoch bloß Ahnungen, die die Zukunft betreffen. Falls ich es schaffe, »bei mir« zu bleiben, also realistisch zu betrachten, was eigentlich jetzt gerade ist, merke ich, dass in diesem Moment alles gut ist. Es ist 23.30 Uhr, ich liege im Bett, es ist gemütlich, mir tut nichts weh, die Luft ist frisch und klar, und über mir lassen meine lieben Nachbarn ihre dritte Waschmaschine heute laufen; nichts und niemand will mir in diesem Moment ans Leder.

Natürlich schreibt sich das ganz leicht. Dorthin zu kommen, im »Hier und Jetzt« zu leben, ist verdammt schwer. Mein Gehirn schafft es nämlich, gleichzeitig mehrere Horrorszenarios zu aktivieren. Und natürlich sind blöde Gefühle mal wieder stärker als beruhigende.

Selbst wenn es sich um eine hundertausendmal erlebte und für einen Normalo als stinklangweilige Situation handelt, sausen meine Gedanken manchmal im Vorwege wie beim Flic-Flac-Zirkus durch die Gehirnmanege: »Was ist, wenn … ?« bestimmt meine Gefühle. Und Meditation? Pustekuchen. Wenn ich erst einmal in meinem Rennwagen auf dem Nürburgring der Angst sitze, kann ich so gut meditieren, wie Sebastian Vettel sich während der Fahrt die Fußnägel lackieren kann.

Jedenfalls versuche ich, regelmäßig zu meditieren. Und ich habe eine geleitete Körperreise auf meinem Handy. Manchmal gelingt es mir damit, mich zu beruhigen. Allerdings nicht immer. Das würde gewiss besser klappen, wenn ich die Körperreise regelmäßig machen würde. Aber wer möchte sich schon, wenn es ihm oder ihr gut geht, mit dieser Angstsache beschäftigen? Niemand. Ich will das Leben genießen, mich an den Momenten freuen, in denen ich leichtfüßig und gelassen durchs Leben gehe.

Man sollte aber üben! Denn gerade bei Übungen wie einer Körperreise in die einzelnen Körperteile zu spüren, hilft, in der Realität zu bleiben und sich nicht mit irgendwelchen Angstfantasien verrückt zu machen. Das klingt esoterischer, als es ist. Und es ist gut, seinen Körper nicht nur dann wahrzunehmen, wenn er gerade irgendwo schmerzt.

Über den Körper die Seele zu beruhigen, so wie der Körper auf Aufregungen im Inneren reagiert, das ist eine feine Sache und kann herrlich helfen.

Mehrfach habe ich versucht, meinen Radius wieder zu erweitern, und es ist mir nicht geglückt. Abgesehen davon, dass wir gar kein Auto haben, habe ich mich schon seit einigen Jahren nicht mehr an ein Steuer gesetzt. Noch nie bin ich gern gefahren, von »Trucker Käthe« war ich weit entfernt, und der Hamburger Straßenverkehr verursacht auch in »angstfreien« Zeiten Schweißausbrüche und Mundtrockenheit bei mir, weshalb ich die Nutzung von Car-Sharing-Angeboten vergnügt meinem Freund überlasse. Aber jetzt, mit der Angst nicht nur im Nacken, sondern überall, ist nicht Auto fahren zu können das geringste Problem, denn das mache ich ja sowieso nicht.

Um es mir möglichst schwer zu machen, traue ich mich auch nicht mehr, Bus zu fahren, geschweige denn U- oder S-Bahn. Alles, was mich zu weit weg von meinem sicheren Zuhause bringt, verschreckt mich.

Selbst mit dem Fahrrad sind weitere Strecken – und damit meine ich mehr als ein, zwei Kilometer – schwierig, und zwar nicht, weil sie mich körperlich überfordern, sondern weil ich mich einfach nicht gern allein weit von uns zu Hause entferne. Wenn mein Freund mitkommt, geht es meist, manchmal ist es mir aber selbst dann zu viel, und allein der Gedanke daran stresst mich schon.

Dabei handelt es sich natürlich um typische Symptome einer Angsterkrankung – auch für mich sind sie nicht neu. Eine

Bekannte leidet auch unter dieser Angst, wegen der sie nicht allein in eine andere Stadt fahren kann. Sie hat Familie und Freunde, die sie seit Jahrzehnten unterstützen und begleiten, wenn sie mal weg möchte. Ich selbst kann zurzeit nicht einmal »in die Stadt« fahren, also in die Innenstadt. Und selbst die Aussicht auf ein cooles Top oder eine neue Jeans können mich nicht locken. Alleine fühle ich mich verletzlich, meine Angst davor, eine Panikattacke zu bekommen, hält mich davon ab, meine sicheren vier Wände zu verlassen.

Wie macht das jemand, der zur Arbeit muss? Ich habe von einer Frau gehört, die ihren Alltag praktisch nicht bewältigen konnte, vor jedem Supermarkt die Krise bekam und für die ein Urlaub, selbst mit der Familie, ausgeschlossen war. Das Einzige, was sie mühelos machen konnte, war, ihre kleine Tochter mit dem Bus in den Kindergarten zu bringen und wieder abzuholen. Vielleicht weil sie es musste? Oder weil die Wege so vertraut waren, dass sie ihr Sicherheit gaben? Ich weiß es nicht. Es ist nur irre, dass Angst sich so unterschiedlich zeigt.

Es kommt auch immer auf meine Tagesform an: Manchmal bin ich ganz entspannt bei Freunden, wir reden und spielen etwas. Ein anderes Mal bin ich so angespannt, als müsste ich platzen, fühle mich unwohl und möchte nach Hause. Und nicht, weil ich beim Doppelkopf immer verliere! Zu Hause hilft mir dann oft eine angeleitete Körperreise oder eine Meditation, die mich wieder »bei mir« ankommen lässt.

Der absolute Horror sind für mich Arztbesuche. Ruhig in einem – wenn's ganz schlimm kommt, überfüllten – Wartezimmer zu sitzen, macht mich richtig mürbe. Ich atme zu flach, deshalb ist mir schwindelig, mein Mund ist trocken, mein Herz rast – ich habe Angst. Dabei weiß ich nicht, was zuerst da ist: die Sorge, dass die anderen Patienten mitbekommen, dass es mir nicht gut geht, oder dass es mir nicht gut geht. Immer wieder muss ich meine schweißnassen Hände an der Jeans abwischen.

Das ging mir übrigens auch im Wartezimmer meines Therapeuten so: Ich fühlte mich eingeschlossen, verdammt, dort auf meinem Stuhl in Ruhe zu warten, von allen beobachtet. Wie paradox! Wo, frage ich, könnte ich mich denn sicherer fühlen als im Wartezimmer eines Psychologen? Das ist ja, als befürchtete ich, in einer Pommes-Bude zu verhungern! Wobei, ist ja eigentlich gar nicht so unwahrscheinlich …

Es ist wirklich zu blöd, dass sich zu all dem Ärger mit den Ängsten immer auch noch Scham hinzugesellt. Als reiche es nicht aus, dass ich nicht mehr einfach ungezwungen meinen Rucksack schnappen kann, um eine Restaurant-Tester-Tour durch Neuseeland zu machen, nein, ich fühle mich auch noch schlecht, klein und nicht der gesellschaftlichen Norm entsprechend.

Alle anderen cornern an lauen Sommerabenden im Schanzenviertel, mampfen vergnügt in geselliger Runde Currywurst (und sprechen dabei mit vollem Mund – Wahnsinn) oder melden sich arglos fürs »Dinner in the Sky« an, bei dem sie in luftiger Höhe angeschnallt ein Vier-Gänge-Menü zu sich nehmen (entsetzliche Vorstellung, Essen müssen mit Fremden UND nicht einfach so auf die Toilette zu können), und ich? Ich kann das alles nicht und schäme mich auch noch deswegen.

Jede Panikattacke fühlt sich wie eine Niederlage an, jeder schöne Tag, den ich wegen der Ängste nicht genießen kann, wie ein Rückschritt. Und dabei bin ich nur selbst enttäuscht von mir, halte es für vollkommen unnötig, verstehe es meist nicht und schäme mich, wenn ich wieder mal vorzeitig ein Fest verlasse oder ein Konzert nicht genießen kann.

Warum schäme ich mich? Weil es immer noch mit einem Gschmäckle verbunden ist, nicht mehr alle Latten am Zaun zu haben? Einen Sprung in der Schüssel und nicht mehr alle Nadeln an der Tanne? Einen Sockenschuss und nicht mehr alle Tassen im Schrank und einen Vogel zu haben? Nicht ganz dicht zu sein und einen an der Waffel und der Marmel zu haben?

Aber warum ist es mir immer noch peinlich? Weil die »Normalen« sich fürchten, dass der Wahnsinn eines Tages auch sie packt, oder warum?

Wie toll wäre es, wenn es für alle an der Tagesordnung wäre, dass jemand Ängste hat? Wenn ich einen Bühnenauftritt abbrechen würde wegen Panik und ich aus dem Publikum unisono hören würde: »Ach je, schade, das war jetzt aber kurz. Blöde Angst. Gut, dann gehen wir eben nur was trinken, vielleicht kommt Käthe Lachmann ja ein anderes Mal wieder.«

Oder wenn ich schon zu Beginn meines Stückes sagen könnte: »Heute bin ich recht verzagt, ich weiß noch nicht, wie weit ich im Programm komme ...« Und das Publikum sagt: »Ach, wegen Ihrer Ängste, Frau Lachmann? Kennen wir, hatten wir alle schon mal. Probieren Sie es einfach, und wenn es nicht mehr geht, hören Sie auf. Kein Problem!«

Oder der Kartenabreißer im Kino würde zu mir sagen: »Hey, ich bringe dich nach Hause, schade, dass du den Film nicht zu Ende gucken konntest, aber vielleicht beim nächsten Mal, scheiß Angst immer, Mensch.«

Im Restaurant: »Ich packe Ihnen die Pizza ein, Sie können die ja gerade gar nicht gut essen, sehe ich, haben Sie eine Angststörung? Ja? Das kenne ich gut, ich habe etwas Ähnliches, ich habe Angst vor Geld, Penunsiophobie, deshalb macht mein Kollege immer die Abrechnung!«

Bräuchte ich die Angst dann gar nicht? Wenn sie für alle völlig normal wäre?

Auf jeden Fall bräuchte ich mich nicht zu schämen. Und eigentlich weiß ich, dass ich das auch so nicht muss. Nicht zuletzt, weil wir immer mehr werden, mehr Angsthasen.

Immer wieder treffe ich Menschen, die etwas Ähnliches durchmachen: Der Fernsehmoderator, der sich plötzlich im Studio unwohl fühlt, der energiegeladene, immer fröhliche Comedy-Kollege, der jeden zweiten (glorreichen!) Auftritt nur mit

Müh und Not hinter sich bringt, der Werbefotograf, der schier durchdreht, wenn er mit Auftraggebern beim Essen sitzt – und alle schämen sich dafür. Dabei haben sie nicht ins Mikro gerülpst oder standen ohne Hose bei Rewe oder haben französische Präsidentengattinnen beleidigt. Da hätte man Grund, sich zu schämen. Aber diejenigen, die sich so danebenbenehmen, strotzen vor Selbstbewusstsein und wissen nicht einmal, wie man »Scham« buchstabiert.

Ich dagegen denke, mit mir ist etwas nicht in Ordnung, ich funktioniere nicht, ich bin minderwertig, weil ich dieses Angstding habe, dieses Manko. Meine Befürchtung ist, dass die anderen mich nicht für voll nehmen, denn ich bin ja die mit der Macke. Nicht belastbar, unzuverlässig und noch dazu nicht »richtig« krank, sondern nur ein Sensibelchen. Bilde ich mir das nur ein, oder ist das wirklich so?

Ich erinnere mich gut daran, wie ich endlich, mit Anfang zwanzig, in Hamburg ein Buch gefunden habe mit Erfahrungsberichten von Angstpatienten. Menschen mit Panikattacken und anderen Formen der Angst. Dieses Buch habe ich verschlungen und geheult bei der Erkenntnis: Ich bin nicht allein. Und: Ich bin nicht verrückt. Das ist eine Krankheit. Die haben viele, die bilde ich mir nicht ein. Und es gibt einen Weg da raus, den haben schon viele andere Menschen vor mir gefunden.

Nachdem ich meiner Mutter davon vorgeschwärmt hatte, schickte ich ihr damals das Buch. Sie hat es gelesen, und auch heute noch zerfließe ich vor Selbstmitleid, wenn ich an den Satz denke, den sie mir nach der Lektüre sagte: »Kind, was musstest du durchmachen!«

Sie hat sich zwar die ganze Zeit um mich gesorgt, sie war für mich da, aber richtig verstanden, wie sehr und abgrundtief einen diese Ängste fertigmachen können – das hat sie erst, nachdem sie jenes Buch gelesen hat.

ICH WILL NICHT NACH BRÜHL!

Brühl, wieso ausgerechnet Brühl? Immerhin liegt Brühl bei Köln, die haben dort das rheinische Temperament, das wird ein Spaßabend. Auch für mich. Ganz bestimmt. Haben die nicht auch ein paar Schlösser dort?

Schon zu Schulzeiten habe ich mich immer erst kurz vor der Klassenarbeit mit dem zu lernenden Stoff beschäftigt, dann gemerkt, wie interessant der eigentlich war, und nach der Arbeit aber wieder das Interesse daran verloren, weil es schon wieder um etwas Neues ging. Gerade in Geschichte ging es mir oft so. Aber die Geschichte hat nicht auf mich gewartet.

Und heute mache ich es immer noch genauso: Habe ich mir den *Baedeker*-Eintrag für Brühl durchgelesen? Oder auf Wikipedia nachgeschaut? Nein. Keine sehr ambitionierte Vorbereitung. Aber meine Seele, die bereitet sich schon seit Tagen ausgiebig vor auf diesen Auftritt. Sie tut gerade mal wieder so, als stünde Armageddon vor der Tür:

»Guten Tag!«

»Guten Tag, Sie wünschen?«

»Ich bin's, Hiob. Ich habe eine Botschaft für Sie, Frau Lachmann! Sie müssen nach Brühl!«

»Na und? Das weiß ich doch! Es ist einer meiner letzten Auftritte in diesem Jahr.«

Genau. Besser wäre es, der letzte Auftritt wäre schon vorbei. Klar fährt meine Seele wieder das ganze Programm:

Durchwachte Nacht, Anspannung, Katastrophenfantasien. Und das eigentlich fast durchgehend. Ich kenne es, und trotzdem stört es mich. Eine Woche hatte ich frei, eine ganze, herrliche Woche, in der ich Plätzchen gebacken habe, für Weihnachten. Ohne Hildabrötchen ist Weihnachten kein Weihnachten, sondern könnte auch Pfingsten sein. Oder Mittwoch. Mit Hildabrötchen dagegen schmeckt Weihnachten nach Vanille, Nüssen und Johannisbeergelee. Vorausgesetzt, ich kann mir die Plätzchen ganz unbemerkt alleine in einer abgeschiedenen Kammer im Mund zergehen lassen, versteht sich.

Zum dritten Mal checke ich meinen Koffer, ob ich auch wirklich alle Requisiten und Einspieler dabeihabe. Ich überlege, ob ich mir den Auftritt erleichtern kann, Nummern umstellen, alte Nummern spielen, für die ich nicht so viel Luft brauche.

Ernsthaft jetzt? Ich überprüfe mein Atemkontingent? Das ist ein bisschen verrückt.

Aber es gibt tatsächlich anstrengendere und weniger anstrengende Nummern für mich. Außerdem möchte ich nicht so viel reden auf der Bühne, denn davon bekomme ich einen trockenen Mund, kann aber auf der Bühne kein Wasser trinken, weil ich vor Leuten ja nichts zu mir nehmen kann, in diesem aktuellen Stadium rein gar nichts. Selbst ein Hustenbonbon flößt mir Angst ein.

Oha. Das ist wirklich crazy. Es ist doch dein Job! Du musst dich doch nicht in einem Fass die Niagarafälle hinunterstürzen oder an einem Kaffeekränzchen mit wildfremden Menschen und sehr trockenen Kuchenstückchen teilnehmen, du spielst einfach nur dein Programm …

Einfach nur??? EINFACH NUR? Super Titel für Dieter. Gibt's bestimmt schon.

Mein Schatz ist auf Dienstreise und holt mich in Brühl vom Bahnhof ab. Ich freue mich auf ihn, schön, dass er sich noch mal mein Programm anschaut.

Eigentlich müsste ich megaentspannt sein. Schließlich hatte ich eine Woche frei.

»Du brauchst mehr als eine Woche?«

Hallöchen, da bist du ja wieder, meine innere, vorwurfsvolle Stimme!

»Andere arbeiten in Schichten, jeden Tag, zehn Tage am Stück, teilweise zwölf, vierzehn Stunden unter Tage und du hattest einfach so eine Woche gar keinen Auftritt und hast jetzt noch lächerliche vier, über Tage, und dann ganze vier Wochen nix, nada, niente – was beschwerst du dich da eigentlich? Ich glaub, es hackt.«

»Heißt das nicht, es hakt? Würde das nicht viel besser«, versuche ich zu korrigieren, bevor sie mich unterbricht:

»Nein. Es heißt, es hackt. Du hattest nicht nur, wie alle, gerade mal ein Wochenende, du hattest ganze sieben Tage Zeit zum Entspannen!!!«

Meine innere Stimme spricht tatsächlich mit drei Ausrufezeichen zu mir. Angestrengt überlege ich: Toll. Was ist das, »Entspannen«? Im Moment bin ich so weit davon entfernt, locker zu sein, wie ein Kleid an Mariah Carey. Ich möchte nicht wegfahren. Und dann auch noch so weit!

Das Telefon klingelt.

»Na, Süße, hast du schon gepackt?«

Als hätte ich nur auf seinen Anruf gewartet, überschütte ich meinen Freund mit optimistischer Vorfreude auf die anstehende Reise: »Wenn mir der Weg zum kleinen Rewe schon so viel Angst macht, wie soll ich dann erst in einen Zug steigen? In einen schnaubenden Stahldrachen, der mich sehr schnell sehr weit wegbringt? Nach Brühl! Ausgerechnet! Und wie komme ich überhaupt zum Bahnhof? Der liegt meilenweit außerhalb meiner Komfortzone! Bus? S-Bahn? Warum soll ich nicht gleich in ein Eisloch tauchen und von da aus einen neuen Ausgang finden?« Mein Puls schlägt den Trommelwirbel zu meinen Gefühlen. Ich schluchze. Eine solche Reise erscheint mir in dem Moment ähnlich machbar wie ein Kölner-Karnevals-Besuch ohne Kostüm.

»Nimm dir ein Taxi.« Der unbekümmerte Ton seiner Stimme erdet mich etwas. Stimmt, wieso bin ich darauf nicht selbst gekommen?

Ich lasse mich mit einer Sänfte nach Brühl tragen, direkt von hier aus. Und eigentlich kann ich dann auch gleich aus der Sänfte heraus mein Programm aufführen. Ich mache ein Codewort mit den Sänftenträgern aus, und wenn ich mich nicht wohlfühle, rufe ich einfach: »Durchlauferhitzer!«, und sie drehen auf dem Absatz um und karren mich mit an Lichtgeschwindigkeit grenzender Schnelligkeit nach Hause.

Woher kriege ich jetzt so schnell Sänftenträger? Vielleicht doch mit dem Taxi ganz nach Brühl? Am liebsten mit einer Taxifahrerin. Einer netten, verständnisvollen Taxifahrerin, die besonnen und sicher Auto fährt und die ein bisschen mitweint, wenn ich ihr das Auto vollheule.

Alles blödsinnige Gedanken. Ich kriege das schon hin. Es wird sehr gut gehen. Geradezu gespenstisch entspannt wird das. Auch und natürlich ohne Beruhigungstabletten, die brauche ich nämlich überhaupt nicht. Trotzdem ist es eventuell ganz gut zu wissen, dass ich welche dabeihabe.

Schon beim Zugticket-Buchen im Internet musste ich mit vielen Mantren zur Tiefenentspannung arbeiten, denn alles in mir sträubte sich gegen diese Reise.

Eigentlich ist mir völlig egal, wohin ich fahren muss. Schlimm ist, dass ich überhaupt wegmuss. Nein, in mir gibt es nichts, das mir sagt, dass meine Angst unbegründet ist. Und dass es vor gerade mal vierzig Jahren komisch gewesen wäre, nicht zu weinen, wenn ich von zu Hause wegfahre.

Heute lässt sich das selbst mit einem Spleen oder einer Macke, die Künstler eben gerne mal haben, nicht erklären. Vielleicht ist es bei Lady Gaga aber auch anders, weil sie mit Unmengen an Leuten und Gepäck unterwegs ist, die kann sich auf ihrem Hotelstockwerk auch ihr Zuhause nachbauen lassen. Mit sämtlichen Zimmerpflanzen, Kuscheltieren und Trampolinen. Warum kapiert meine Seele gerade nicht, dass ich eine halbwegs erwachsene Frau bin, die mit ihren beiden (haarigen, wenn sie sie nicht regelmäßig rasiert) Beinen fest durchs Leben geht und eben auch mal fährt?

Zumal ich ja nicht losfahre, um in den Krieg zu ziehen, sondern um den Beruf auszuüben, der mir an sich sehr viel Freude macht. Mit dem ich Geld verdiene, nicht nur um meine Miete zu bezahlen, sondern auch Schokolade und Kino!

Statt mich also unbändig zu freuen über das Privileg, das ich mit einem so vielseitigen Beruf habe, einem, bei dem ich ständig nette Menschen treffe und neue Orte kennenlerne, ist für mich die Gewissheit, dass ich mich in einen Zug setzen und meine gewohnte Umgebung hinter mir lassen muss, in diesem Moment schlimmer als Mathe-Abi, Kletterpark (höchstes Level) und der Film *Happy Go Lucky* zusammen. Ich hasse diesen Film, auch wenn ich richtig entspannt bin.

Was könnte schlimmer sein als die Aussicht auf einen Abend auf der Bühne? Kein Bier mehr, höre ich meinen Freund rufen. Ja, wahrscheinlich lässt sich das vergleichen …

Natürlich probiere ich es mit positiven Affirmationen: »Ich schaffe das. Ich kann das. Ich mache das seit zwanzig Jahren.« Sogar zu einem »Das wird schön!« lasse ich mich hinreißen, glaube mir aber nicht.

Denn längst schon haben Angst und Traurigkeit mich komplett ausgefüllt, sie fließen auch in die letzte Ecke meines Körpers, wie Kochkäse. Meine Arme haben Angst, meine Beine, mein Magen, meine Blase natürlich sowieso. Und das, was sich nicht fürchtet an mir, ist tieftraurig. Als hätten sich alle dunklen Momente meines Lebens zu einem dicken Trauerpulk in meinem Bauch zusammengerottet.

Ein klitzekleiner Teil, vielleicht der Daumennagel meines kleinen Fingers, hofft noch auf ein plötzliches Wunder: Vielleicht ist der einzige Bühnentechniker im Umkreis von fünfhundert Kilometern ja spontan krank geworden? Oder meine Agentin ruft an und teilt mir mit, in Brühl wird heute eine Bombe entschärft, und mein Auftritt muss leider ausfallen. Hoher Staatsbesuch (damit meine ich nicht mich), Blitzeis, Weltmeisterschaft in was auch immer – ich nehme alles! Keine Karten verkauft – herrlich! Was gäbe ich nur dafür!

Träum weiter, Käthe! Der Auftritt findet nicht nur ganz normal statt, nein, er ist sogar ausverkauft. Kein riesiger Laden, doch auf den knapp 200 Plätzen tummeln sich erwartungsfrohe Rheinländer. Klar ist das wunderbar – eigentlich –, für mich aber gilt seit einigen Monaten: Je weniger Publikum, desto gelassener bin ich. Weil ich bei einer prozentualen Gewinnbeteiligung ja auch weniger Geld bekomme, wenn nicht so viele da sind. Äh, wie jetzt?

Nein, es verhält sich dergestalt: Ich habe das Gefühl, dass es mir auf der Bühne besser geht, wenn nicht so viele Menschen im Publikum sitzen. Weil dann weniger Leute mitbekommen, dass ich Schwierigkeiten habe. Und wenn ich Schwierigkeiten sage, meine ich die Angst davor, vor aller Augen elendig zu verrecken. Von jetzt auf gleich. Vielleicht stört mich aber auch einfach eine Masse an Menschen, weil sie mir eine eventuelle Flucht unmöglich zu machen scheint.

Dass ich auch bei zwanzig Leuten nicht einfach mitten in der Show den Adler machen kann, weiß ich zwar, aber es bedeutet ein kleines Stückchen mehr Sicherheit, wenn nicht ganz so viele Zuschauer da sind. Diese ganzen Gedanken sind ja irrational – nur, dass mir das im Moment überhaupt nicht klar ist. Weil mein Gehirn die höchste Alarmstufe ausgerufen hat: Die Angst bestimmt mich vollständig. Klar ist aber: ich muss da hin. Es ist mein Beruf. Es gibt einen Vertrag. Freundliche, lachbereite Menschen freuen sich auf einen schönen Abend. Mit mir.

Ich stehe mit verschleiertem Blick auf dem Dammtorbahnhof und versuche es mit Übungen.

Die Angst begrüßen, zum Beispiel:

»Hallo Angst, schön, dass du da bist.«

»Du Arsch!« wegzulassen, fällt schwer. Sie betrachten. Annehmen. Sich nicht dagegenstemmen, sondern sagen: »Ja, ich habe jetzt gerade Angst, das ist jetzt eben so.«

Puh. Nicht bewerten, nicht darüber nachdenken, was jetzt gerade passiert.

Ich will aber nicht wegfahren! Mein Puls rast.

Es fällt mir schwer zu atmen, ich werde wütend.

»Verpiss dich, du Scheißangst, ich hab keinen Bock mehr auf dich!«

Ich darf auch mal wütend sein. Nutzt aber nix.

Entspannungsübungen. Ich konzentriere mich auf meinen Atem. Tief in den Bauch atmen. Mein Bauch hebt sich, mein Bauch senkt sich … Mein Bauch hebt und senkt sich nicht mehr!

Ich kriege keine Luft. Mir wird schwindelig.

Alles ist gut.

Gar nichts ist gut.

Nur Ablenkung hilft. Ich lasse Bonbons platzen auf meinem Handy. Suche konzentriert nach Dreierreihen, durch die die Süßigkeiten explodieren und ich Punkte bekomme.

Meine innere Manchmal-Arschkuh-Stimme wird lauter: »Du musst gleich allein in den Zug steigen, und was ist, wenn du im Zug richtig Panik bekommst? Deine jetzigen Gefühle sind ja nur kleine Vorboten, Angstknospen, die sich, je weiter weg du dich von zu Hause entfernst, immer weiter öffnen werden, bis sie in einer amtlichen Panikattacke explodieren wie diese Spielbonbons auf deinem Handy – und dann?«

»Dann spreche ich einfach jemanden an! Meine Erfahrung hat gezeigt, dass es mir besser geht, wenn ich mit jemandem darüber rede. Ich kriege das sicher hin. Bestimmt kann ich irgendjemanden ansprechen, bevor ich ersticke. Es ist ja nur Zugfahren! Und Auftreten …«

»Die letzten Male waren schrecklich!«

»Aber davor die neunzehn Jahre waren gut! Ätsch! Jedenfalls meistens.«

Mein linkes Augenlid zuckt. Meine Jeans ist an der Stelle, an der ich immer wieder meine klatschnassen Hände abreibe, schon ganz feucht. Im Dialog-Pingpong gehen meine Gedanken hin und her, wobei die angstmachenden immer noch stärker werden als die beruhigenden.

Das Handy klingelt. Mein Freund! Sofort strömen die Tränen (bei mir, er selbst klingt ganz gelassen): »Ich kann nicht nach Brühl fahren! Und erst recht nicht dort auftreten!«

»Du musst nicht.«

»Doch, es gibt einen Vertrag, da sitzen Menschen, die auf mich warten, ich muss dahin fahren!« Ach wäre doch nur noch Sänftenjahrhundert.

»Du kannst absagen. Jederzeit. Auch kurz vorher.« Seine ruhige, liebe Stimme lässt meine panikartige Angst etwas abflauen. Die Eisenklammer um meine Brust lockert sich ein wenig, ich nutze das, um tief durchzuatmen, spüre, wie meine Atmung beginnt, ruhiger zu werden.

»Du kannst es jederzeit absagen, aber du musst nicht. Du weißt, dass du es schaffst. Ganz locker schaffst.«

»Ja«, schluchze ich, »klar.«

Ich werde es überleben. Ich habe schon viel schlimmere Sachen überlebt. Mir fallen nur gerade keine ein.

Ich muss es schaffen.

Wie oft ging es mir in letzter Zeit so wie heute? Und ich habe jedes Mal gute Vorstellungen abgeliefert. Ich bin Profi. Wenn ich mich auch nicht so fühle. Ich kann das.

Von Brühl aus habe ich mit meinem Freund telefoniert, sein Zug hat etwas Verspätung. Komisch, ich habe nie eine Nummer über Verspätung bei der Bahn gemacht. Ich habe nur erklärt, dass ich Zugfahren nicht schlimm finde. Schlimm finde ich nur, dass noch andere Leute mitfahren. Wobei mich das auf der Straße noch viel mehr stört. Aber gut, er kommt also später, ich begebe mich schon einmal alleine ins Hotel, lasse meinen Koffer dort und gehe dann zum Soundcheck im Veranstaltungsort, wo wir uns treffen.

Von außen betrachtet, sieht das nach einem nicht vollkommen hirnrissigen Plan aus, im Gegenteil, viele meiner Kollegen würden es wahrscheinlich ähnlich machen, es scheint entspannt und geschmeidig. In mir aber tobt meine persönliche Flugzeugkatastrophe, das Anfangsszenario von *Lost* ist dagegen nur ein Picknick am Strand.

Da die Entfernungen gangbar sind, mache ich alles zu Fuß, normalerweise finde ich ein bisschen durch die Gegend zu spazieren nämlich ganz wohltuend nach viereinhalb Stunden im Zug. Heute sind mir meine Beine und die frische Luft egal, außer Angst ist in meinem Hirn kein Platz für andere Gedanken oder Gefühle. Ich bin schon die ganze Zeit ziemlich außer mir, kriege schlecht Luft, zittere, habe einen Puls, als wolle sich mein Herz außerhalb meines Körpers austoben, mir ist schwindelig, und ich muss dringend auf die Toilette.

Frage: Wie wollte man so denn eigentlich zu Urzeiten dem Säbelzahntiger entkommen? Ist man zum nächsten Klo gerannt und hat sich dort eingeschlossen? Wo war das nächste Klo?

Das Zimmer im Hotel ist riesig und erinnert an ein amerikanisches Diner mit seinem roten Kunstledersofa und den Barhockern am Tresen gleich neben dem Eingang. Dort steht ein Wasserkocher, und ich mache mir einen Tee, nichts mit Teein, versteht sich, es gibt Melisse, und obschon ich weiß, dass Melisse mir jetzt genauso viel hilft wie Brausepulver einem Junkie auf Entzug, versuche ich, ihn zu trinken, und habe doch ein winziges bisschen Hoffnung, dass ich damit ruhiger werde. Dazu gibt es eine Banane, weil ich bislang nur gefrühstückt habe, und endlich löst sich ein klitzekleines bisschen meiner Anspannung, und ich kann etwas weinen.

Dann wird mir meine Situation bewusst, und ich steigere meine Tränenflut in ein infernalisches Geheule, was aber auch keine richtige Erleichterung schafft. Man kennt das: Manchmal tut es gut zu weinen, weil der Druck im Brustkorb dann nachlässt, es ist, als zöge man einen Stöpsel. Mein Stöpsel bleibt aber fest in mir drin stecken.

Mein Freund ruft an, endlich, wir haben sicher eine Stunde nicht telefoniert. Er fragt, wie's mir geht. Falsche Frage. Vor lauter Schluchzen kann ich nicht mit ihm sprechen, er aber, welch ein Fuchs, kriegt die Message trotzdem mit: Es geht mir mittel.

Wie meist beruhigt er mich: »Du kriegst das hin, kannst aber auch absagen, jederzeit, egal, wie du dich entscheidest, es ist alles gut.« Ich beruhige mich etwas, beschließe, mich nicht unterkriegen zu lassen (weiter runter geht auch gar nicht mehr) und mache mich mit bleiernen Beinen und ebensolchen Gedanken auf den Weg.

Am Veranstaltungsort werde ich fröhlich erwartet. Ich hoffe, dass man meinen Augen das Weinen nicht ansieht, schraube meine Mundwinkel nach oben und tackere sie dort fest.

Randy, der Techniker, begrüßt mich strahlend, zeigt mir die Bühne und nimmt meine Einspieler entgegen. Die sind auf CD gebrannt, und wie meist, wenn ich meine CD überreiche, ernte ich hochgezogene Augenbrauen und ein kummervolles Kopfschütteln: »Oh, die selbst gebrannten nimmt er nicht gerne.« »Er« ist in dem Fall der CD-Player, und jedes Mal frage ich mich, wie man eigene Playbacks, Hintergrundstimmungen und andere Einspielungen denn sonst auf ein Medium bekommen soll? Ich denke, es gab noch keine Plattenfirma, die jemals für einen Komiker seine Bühneneinspielungen in einer Auflage von sagen wir mal großzügig zehn Stück auf den Markt gebracht hat? Natürlich brennt man die selbst! Früher bin ich sogar noch mit selbst aufgenommenen Audiokassetten unterwegs gewesen! Das war ein Spaß. Hat aber erstaunlich oft geklappt. Manchmal natürlich nicht, aber dann lag es meist nicht am Medium, sondern eher am Techniker, der diese Bezeichnung gerne mal nur an diesem einen Abend trug, ansonsten hörte er auf »ein Kumpel von mir«, »mein Sohn« oder »unser Hausmeister« oder alles auf einmal.

Kleiner Exkurs hierzu: Herrlich war es eines Tages irgendwo am Niederrhein! Ich war mit dem »Techniker« die paar Einspielungen auf meinem Technikplan akribisch durchgegangen und hatte ihm eine besondere Stelle eingeschärft: »In der Nummer spreche ich mit meinem Freund und rufe dann entgeistert fragend: ›Hallo?‹ Das ist für dich das Stichwort, den nächsten Einspieler zu starten, in dem mein Freund dann – scheinbar – aus dem Off antwortet.«

»Ja, klar, kriegen wir hin.« Das hätte mich stutzig machen müssen.

Der Abend beginnt, es klappt alles ganz gut. Dann ist es so weit, wir sind an der Stelle angekommen, ich rufe »Hallo?« ins Dunkel und höre nicht meinen Einspieler, sondern den Techniker aka Hausmeister, der mir fröhlich entgegenschallt: »Jaha, geht gleich los, Moment, ich musste nur noch kurz mit dem Licht was machen …«

Das war natürlich auch lustig, keine Frage, aber eben anders als geplant.

In Hannover war einmal in einem kleinen Theater ein völlig überforderter Techniker, der gar nichts hinbekommen hat. Nicht nur, dass wegen einer riesigen Rückkopplung an den Gebrauch meines Mikros nicht zu denken war, er verpasste auch sämtliche Einsätze, und so wurde aus dem Abend eine einzige Improtheatershow. Immerhin bekam einer der Zuschauer, die ich irgendwann um Hilfe bat, die Rückkopplung in den Griff.

Hinterher beschwerte ich mich beim Veranstalter darüber, dass der Techniker richtig, richtig schlecht und unfähig gewesen war. Er nickte nur betrübt mit dem Kopf und meinte: »Ja, ich hab dem Ulf schon so oft gesagt, er muss sich mal mit der Anlage vertraut machen.« Unfasslich! Das wäre ja so, als sagte man einem Zahnarzt: »Jetzt guck doch bitte mal in ein Gebiss! Und die Instrumente, Mensch, wäre doch echt gut, wenn du wüsstest, wofür die sind, so im Einzelnen.«

Ich habe da nie wieder gespielt.

Aber zurück nach Brühl: Der Techniker ist fit, meine CD läuft, und der Soundcheck lenkt mich ab von meinen innerlichen Turbulenzen. Konzentriert gehe ich mit Licht- und Tonmann den Ablaufplan durch, ich bin Profi, merke ich plötzlich, ich genieße den routinierten Ablauf, er tut mir gut und lässt mich ruhiger werden. Sogar scherzen kann ich und denke, puh, jetzt hält die Professionalität Einzug, und meine Ängste machen sich vom Acker! Herrlich! Ich bin Mistress of the Universe, ich muss einfach nur meine Arbeit machen, dann geht's mir gut! Schnell teile ich das meinem Freund per SMS mit, damit er sich keine Sorgen mehr macht.

Er ist schon auf dem Weg zum Veranstaltungsort, und vor der Garderobe begrüße ich ihn kurz. In einer halben Stunde beginnt die Show, die ersten Gäste haben schon Platz genommen, jetzt heißt es umziehen und schminken. Ach so, da war ja noch was. Es bleibt ja nicht beim Soundcheck, ich soll ja auch noch auf die Bühne! Mein Programm spielen …

Die Flaute zwischendurch scheint vorbei zu sein, meine Angst nimmt wieder Fahrt auf. Hoffentlich geht alles gut. Hoffentlich bleibe ich stabil. Hoffentlich bekomme ich keine Panikattacke während des Spielens. Hoffentlich bekomme ich genug Luft. Hoffentlich, hoffentlich. Das alte Spiel hat schon längst wieder angefangen: Angst vor der Angst, Sorge, Befürchtungen, Panik, Anspannung, »Ich muss das hinkriegen!« und »Niemand darf mitbekommen, wie es mir geht!«. Alles in allem also beste Voraussetzungen für einen stressfreien, lustigen Abend, nicht nur für mein Publikum, auch für mich. Vor allem das »Niemand darf es mitkriegen«! Da geht man als Angsthäsin doch gleich noch mal so locker und routiniert an eine solche Aufgabe heran. Zwei Stunden Bühne, alle schauen einen an! Das mögen ja schon »normale« Menschen nicht, für mich ist die bloße Vorstellung gerade auch richtig schrecklich. Warum kann ich bitte nicht hinter dem Vorhang auftreten? Ich brauche einfach meine Privatsphäre!

Gleichzeitig wieder mantraartig ein Parallelgedankenstrang: Du kannst das, das ist dein Beruf, das macht dir Spaß, wenn du erst einmal drin bist, klappt das alles, mach dir keinen Kopf… Hahaha. Das glaube ich mir schon lange nicht mehr. Ich springe auf und ab, mache mich warm, klopfe meine Meridiane ab (mein Bühnenritual, das ich mir mal von einem Kollegen, der sich mit Traditioneller Chinesischer Medizin auskennt, abgeguckt habe. Man klopft mit einer lockeren Faust die Energiebahnen = Meridiane im ganzen Körper ab). Ich trinke milliliterweise Rescue-Tropfen, stelle mich vor den Spiegel, starre mir in die Augen und coache mich wie ein Baseballtrainer im amerikanischen Blockbuster seine Mannschaft vor dem großen Spiel. Nur: Ich sehe mich zwar, dringe aber nicht zu mir durch.

Schließlich kommt der gutgelaunte Veranstalter in die Garderobe, um mich auf die Bühne zu holen. Es soll losgehen. Laut Vertrag und Ankündigung. Wenn es nach mir ginge, schnappte ich mir meinen Freund und verbrächte den Rest des Abends heulend in seinen Armen auf dem Kunstledersofa. Aber ich muss da jetzt raus. Es nutzt nichts.

Mein Anfangsjingle läuft, ich gehe schwindelig und aufs Äußerste verkrampft an den Zuschauern vorbei Richtung Bühne. Mein Freund, der in der letzten Reihe am Rand sitzt (genau da würde ich auch sitzen, säße ich in der Vorstellung einer Kollegin), nickt mir aufmunternd zu. Wenn der wüsste, dass er in wenigen Minuten mithelfen muss, die Reste nach meiner Implosion aufzuwischen …

Ich begrüße die Menschen, schnaufe wie eine alte Dampflok beim Sprechen und habe das Gefühl, dass man in meinem Gesicht lesen kann wie in einem Kindle mit riesiger Schriftgröße. Als auf das Stichwort die Einspielung für ein Lied beginnt, wird die Anspannung noch größer. Ein Lied. Mit sehr viel Text.

Es überrascht mich eigentlich nicht, ich habe es ja selbst geschrieben und an die Stelle gepackt, aber dennoch überfordert es mich jetzt maßlos. Eine Strophe klappt irgendwie; zwar habe ich das Gefühl, ich nuschele, aber ich kriege den Text hin, wenn auch leise und holperig, unterbrochen von vielen missglückten Atemversuchen.

Ich winde mich auf der Bühne wie jemand, der es hasst, auf einer Bühne zu stehen, drehe mich mit dem Rücken zum Publikum, in der Hoffnung, wenigstens einmal kurz unbemerkt einen erleichternden, tiefen Atemzug nehmen zu können, ich sehe mich um nach einem Fluchtweg, gleichzeitig presse ich meine Mundwinkel nach oben und probiere, mich auf den Text zu konzentrieren, ich schwitze und zittere gleichzeitig, immer mehr Nebel im Kopf. Gleich werde ich verrückt, oder ich falle tot um, mein Mund ist so trocken wie die Winterhaut am Ellbogen, ich bestehe nur noch aus Herzschlag, die Schläge so kräftig und schnell wie die vom Trommler eines Drachenbootes bei der Weltmeisterschaft.

Unerbittlich läuft das Playback weiter, ich stammle nur noch einzelne Worte, ich kann nicht mehr, Panik, nur noch Panik, ich muss hier weg, sonst sterbe ich, ich schwanke von der Bühne, die Fingerspitzen kribbeln, meine Knie sind wackelpuddingweich, komisch, dass mich meine Beine noch tragen.

Mein Freund ist aufgesprungen, im Publikum denkt man noch, es gehört zur Show, bis auf eine Frau, die mitbekommen hat, dass etwas nicht stimmt. Ich merke, dass ich einatme, hektisch, flach, schnell, zu schnell, und das immer wieder, ich hyperventiliere heftigst.

Mir fällt eine Tüte ein, die Frau nimmt mich am Arm, ich frage nach einer Tüte, weil ich noch weiß, dass ich da reinatmen kann, damit meine Atmung ruhiger wird, aber jetzt wird sie erst schneller. Die Frau ruft nach einer Tüte, mein Freund nimmt mich in den Arm, endlich in Sicherheit, ich denke noch für einen ganz kurzen Moment, ob mir das jetzt peinlich sein muss, und dann bin ich in der Garderobe, mit meinem Freund und dieser freundlichen Frau, und ich weine und zittere und atme in eine Tüte und fühle mich scheußlich.

Es fühlt sich nicht nur an wie eine Niederlage, es ist eine Niederlage. Ich habe meinen Auftritt nicht hinbekommen, Menschen enttäuscht, den Veranstalter vielleicht verärgert, mich selbst enttäuscht, es ist schrecklich. Ganz abgesehen davon, dass ich nach wie vor sehr angespannt bin, traurig und ziemlich verzweifelt.

Einen Auftritt abbrechen, das macht man nicht einmal mit dem Kopf unterm Arm. The show must go on. Natürlich bin ich nicht Katy Perry, und es sind keine Sechzigtausend, die sich auf mein Programm gefreut haben, aber es ist mir dennoch unendlich unangenehm, und es tut mir leid, und ich tue mir leid, und es gibt gerade nichts Schlimmeres.

Und dann ist da diese freundliche Frau, die mich tröstet, die erzählt, dass sie Heilpraktikerin ist und sich ihre Praxis gleich um die Ecke befindet. Ich bin erschöpft, und es tut mir gut, dass sich jemand um mich kümmert, mein Freund und ich gehen mit ihr in ihre einladende Praxis, und sie macht es mir gemütlich, das Licht ist angenehm, die Frau ist angenehm und beruhigend, und ich bin ihr sehr dankbar.

Sie macht irgendetwas mit meinen Energieströmen, dafür fächelt sie um mich herum in der Luft umher und greift ins – scheinbar – Leere, um negative Kräfte von mir abzusammeln und wegzuschmeißen. Mein Freund muss sich zur Seite ducken, um nicht allzu viel davon abzubekommen.

Obschon ich nicht verstehe, warum sie das tut, und auch nicht so recht daran glaube, dass dadurch etwas Gutes passiert, mag ich die Praxis und das Licht und wie es da riecht und die Frau und dass mein Freund bei mir sitzt. Der äußere Frieden wirkt auf mein Inneres und lässt mich zur Ruhe kommen.

Huch, ich bin doch Komikerin, aber hier fällt es mir richtig schwer, lustig zu schreiben. Schließlich ist die Situation alles andere als lustig. Natürlich sind es »nur« Gefühle, es bestand keinen Moment lang wirklich Gefahr, ich bin pumperlgsund und könnte eigentlich entspannt sein und froh wie der Mops im Haferstroh, aber das ist ja das perfide an dieser Angst: Wäre sie realistisch, wäre sie nicht so bedrohlich. Ich glaube, so mancher »Angsthase« hat sich schon gewünscht, tatsächlich eine körperliche Krankheit zu haben, irgendetwas wie Kreislaufprobleme oder was an den Bronchien, irgendetwas, gegen das man leicht mit Medikamenten oder Sport ankämpfen kann.

Nach dieser Aktion in Brühl weiß ich, warum es niedergeschlagen heißt, denn ich fühle mich tatsächlich umgemäht, platt gedrückt, niedergeschlagen eben. Natürlich meldet sich auch meine süße, kleine, innere Stimme und sagt:.

»Ich wusste es! Das konnte nicht gut gehen!«

»Hättest du im Vorwege nicht so viel Stress gemacht, wäre es bestimmt gut gegangen!«, entgegne ich ihr müde.

Und, als wäre die aktuelle Situation nicht schlimm genug, fragt sie: »Und jetzt? Was ist mit den übrigen Auftritten?«

Obwohl ich absolut keine Kraft habe, mich jetzt schon wieder der Zukunft zuzuwenden, weil die Verdauung des gerade Erlebten alle Kraft in Anspruch nimmt, weiß ich: Sie hat recht, ich habe dieses Jahr noch ein paar wenige Veranstaltungen zu absolvieren. Im Moment kann ich mir das ungefähr so gut vorstellen wie ein katholischer Priester Vielweiberei. Wobei, weiß man's?

Es ist zu früh, darüber nachzudenken. Zuerst gilt es, mein persönliches Waterloo hinter mir zu lassen und mich zu Hause zu erholen.

Bis Weihnachten sind es also tatsächlich nur noch ein paar wenige kleine Aufführungen, für die aber natürlich trotzdem Verträge bestehen, auf die sich Menschen freuen und die ich gerne gemacht hätte. Aber der Abbruch meines Auftritts in Brühl hat mich sehr mitgenommen. Ich fürchte mich so sehr vor einer Wiederholung der Ereignisse, dass ich im Moment alles möchte, nur nicht auftreten.

Klar gibt es den Spruch vom Pferd, von dem man gefallen ist und auf dessen Rücken man sich sofort wieder schwingen soll. Aber andererseits probiert jemand, der mal eine Fischvergiftung hatte, vielleicht nie wieder eine Bouillabaisse.

Ich mag keine Fischsuppe.

Meine Agentin ist sehr kooperativ und rät mir zu einer vorübergehenden Spielpause. Die neue Spielzeit beginnt erst Mitte Januar mit Auftritten, bis dahin werde ich ja wohl wiederhergestellt sein. Ich habe knapp vier Wochen, um mich von dem Schreck und überhaupt zu erholen, das werde ich hinbekommen. Sie sagt meine restlichen drei Auftritte für dieses Jahr ab, indem sie mich bei den Veranstaltern krankmeldet. Ich bin sehr froh, dass ich sie habe und sie so kompromisslos hinter mir steht und mich unterstützt.

Sofort meldet sich meine innere Stimme: »Vier Wochen? Okay… Das ist nicht viel. Mitte Januar musst du wieder ran. Auftreten. Vor Leuten!«

»Na und? Das schaffe ich! Schließlich habe ich die Angst ja nicht wegen des Auftretens, die habe ich wegen irgendwas, was ich noch rausfinden muss…«

»Dann halte dich mal ran, damit du in vier Wochen wieder fit bist.« Da hat sie auch wieder recht. Also, was kann ich tun? Ich muss mehr meditieren. Und öfter zum Sport, denn wer körperlich fit ist, dessen Seele hält auch mehr aus. Und vielleicht sollte ich mit Yoga anfangen, also, so richtig, mit Kurs, nicht nur ein bisschen für mich. Am besten suche ich mir auch noch eine Atemtherapeutin und melde mich für einen Achtsamkeitskurs an. Und ausruhen muss ich, unbedingt.

Während ich mir immer neue Therapiemöglichkeiten ausdenke, merke ich, dass mir der Gedanke an die nächsten Auftritte im neuen Jahr schier unerträglich ist. Der Druck, bis dahin wieder »fit« zu sein, ist übermächtig.

Aber es ist doch mein Beruf, ich verdiene doch mein Geld mit meinen Auftritten! Und ich bin selbstständig, ich kann nicht Urlaub nehmen oder mich krankschreiben lassen, ich bekomme kein Geld, wenn ich nicht auftrete, also MUSS ich einfach wieder auf die Bühne, es nützt ja nichts, jetzt zu lamentieren.

Zu meiner insgesamt schlechten Verfassung gesellt sich auch noch Existenzangst: »Hey, toll, dass du da bist, komm rein, was darf ich dir anbieten?«

Mit meiner Agentin, die sich nach wie vor wunderbar verhält, komme ich überein, dass bis Januar vielleicht doch zu wenig Zeit ist, um sich vollständig zu erholen. Sie rät mir, Auftritte bis März abzusagen, wenn ich will, auch noch länger. Sie macht wirklich das, was man »den Rücken freihalten« nennt.

Ich bin hin- und hergerissen. Einerseits brauche ich Ruhe und Abstand, fürchte mich vor der Bühne, auf der anderen Seite will ich so schnell wie möglich wieder Normalität, Auftritte, Geld verdienen. Aber sobald ich daran denke, wieder auftreten zu müssen, bekomme ich Panik, egal, wie lange es bis dahin noch ist. Aus »Ohgottohgott, in vier Wochen muss ich wieder fit sein!« wird ganz schnell: »Ach du liebe Zeit, in sechs Monaten geht's wieder rund – bis dann bin ich hoffentlich tiefenentspannt!« So setze ich mich herrlich selbst unter Druck, bis ich im Gespräch mit meiner Agentin zu dem Schluss komme, meinen Abschied von der Bühne zu nehmen.

Zum Glück habe ich ein paar Ersparnisse und kann mich auf meine Erholung konzentrieren. Was danach kommen kann und wird, weiß ich nicht, und jetzt ist auch noch nicht der Zeitpunkt, darüber nachzudenken. So lasse ich die ganze Tragweite dieser Entscheidung noch gar nicht vollständig in mein Bewusstsein vordringen, sondern versuche nur, wieder gesund zu werden – so schnell oder langsam, wie es eben möglich ist.

PANIKFORSCHUNG: TEIL 27B

Ich war das einzige Kind im ganzen Bekanntenkreis, das nur mit Licht schlafen konnte. Und sich im Dunkeln gefürchtet hat. Wirklich. Außer mir KEIN EINZIGES KIND! Wie sehr ich all die furchtlosen Mitkinder bewunderte, die sich jeden Abend mit geradezu draufgängerischer Gelassenheit ins Bett bringen ließen, darum gebettelt haben, die Fenster und Türen so abzudichten, dass ja kein Lichtstrahl auch nur durch eine Ritze dringt, um gleich darauf in undurchdringlicher Finsternis einfach einzuschlafen! So haben es ALLE gemacht! Deshalb versteht das auch nie jemand, wenn ich das erzähle. Kinder können normalerweise überall und immer schlafen, auch im stockfinsteren Kohlenkeller. Keine Ahnung, wieso ich dazu nicht in der Lage war…

Und, was noch dazukommt, ich war oft in Sorge darüber, ob sich vielleicht Ungemach, zum Beispiel in Gestalt des Bösen Watzes, im Schrank oder unter meinem Bett befand. Deshalb habe ich mich – natürlich nur in Begleitung eines Erziehungsberechtigten, vorzugsweise meiner Mutter – ab und an davon überzeugt, dass in meinen Schränken und unter meinem Bett (wo überdies ein Unhold gar keinen Platz gefunden hätte, so viel Zeug, wie da darunterlag) alles mit rechten Dingen zuging. Ich gebe zu: Sogar heute drehe ich manchmal eine Runde durch die Wohnung, wenn ich nach Hause komme. Diese Kontrollgänge sind ungemein beruhigend und gleichzeitig nervenzerfetzend.

Was mache ich eigentlich, wenn ich eines Abends bei einem Rundgang durch unsere überschaubare Wohnung mal die Türe zur Abstellkammer öffne, und dort steht wirklich ein unbekannter, haariger Fremder, der gerade dabei ist, meine Wintergarderobe in einen Sack zu stopfen, oder Ähnliches? Darauf wäre ich überhaupt nicht vorbereitet – was einen Kontrollgang ja vollkommen ad absurdum führt.

Vielleicht sollte ich das mit dem Rundgang lieber lassen und etwaigen Einbrechern durch lautes Singen und Selbstgespräche die Gelegenheit geben, unbemerkt zu verschwinden.

Wobei ich ziemlich sicher bin, dass die Wahrscheinlichkeit, dass ich noch einmal eine Einbrechererfahrung mache, recht gering ist, schließlich hatte ich schon einmal eine, mein Bedarf ist also gestillt.

Ich war ungefähr achtzehn Jahre alt und besuchte meinen Onkel und meine Tante für ein paar Tage im schönen Aachen. Von Kindesbeinen an lernte ich durch meine von dort stammende Mutter diesen herrlischen Dialekt. Ihr Bruder und seine Frau bewohnen ein tolles, kleines altes Haus, das zwar nach vorne direkt an einer großen Straße liegt, nach hinten aber über einen wunderschönen, riesigen Garten mit Erdbeeren, Himbeeren, Salat, Zucchini, Blumen, Apfelbäumen, Kartoffeln und einem kleinen Teich verfügt. Direkt hinter dem Garten beginnen außerdem Pferde- und Kuhweiden sowie ein großzügiger Park.

Jeden Morgen verließen Onkel und Tante gegen acht das Haus, ich, ihre faule Nichte, hatte Ferien und schlief länger. Bis auf diesen einen Morgen, an dem ich durch lautes Klirren geweckt wurde. Noch im Halbschlaf überlegte ich, weshalb die beiden denn jetzt mit Geschirr um sich warfen, sie verstanden sich doch eigentlich prächtig, ja, sie waren immer schon ein besonders glückliches Paar gewesen, es gab überhaupt keinen Grund für Randale.

Ich hatte meine Überlegungen noch nicht zu Ende gedacht, da flog die Tür zu meinem Schlafzimmer auf, und ein unbekannter wilder Mann stand vor meinem Bett, in der Hand eine Plastiktüte. Er sagte irgendwas, das ich nicht verstand, und machte kehrt. Doch vorher fragte ich ihn, zur Höflichkeit erzogen, wie ich war, noch »Bitte?«, weil ich wissen wollte, wie seine Worte gelautet hatten.

Erst dann lähmte mich für einen Moment der Schreck. Ein fremder Mann und ich allein im Haus! Hilfe! Aus dem Zimmer traute ich mich nicht, also machte ich mich daran, sämtliche Pflanzen vom Fensterbrett zu räumen, damit ich hinaufklettern konnte. Später sagte mir meine Tante, ich hätte doch einfach das Fenster aufreißen können, egal, was mit den Pflanzen war.

Ich jedoch achtete peinlichst auf den Teppichboden, öffnete das Fenster und kletterte auf den Sims. Auf der anderen Seite der viel befahrenen Straße sah ich auf der Weide einige Vermessungstechnikstudenten, die ihrem Fach alle Ehre machten und gerade die Wiese vermaßen. Durch Winken machte ich auf mich aufmerksam, und ich muss meine Notlage eindrücklich vermittelt haben – vielleicht lag es aber auch nur an meinem Nachthemd am hellichten Tag –, denn es kamen ein paar von ihnen auf meine Straßenseite, und ich rief ihnen zu, was gerade passiert war.

»Hier war ein Einbrecher, ich traue mich nicht raus, keine Ahnung, wo der jetzt ist!«, ließ ich die jungen Männer wissen. »Ich werfe euch nun meinen Hausschlüssel hinunter!« Gesagt, getan. Kurz darauf erschreckte ich mich noch mal fürchterlich, als einer der Studenten in mein Zimmer kam. Sie hatten das Haus durchsucht, es war niemand da. Allerdings war auf dem Balkon des Ankleidezimmers auf meiner Etage ein Loch in der gläsernen Balkontür. Wir riefen die Polizei und meine Tante an, die Studenten warteten mit mir, bis sie da waren. Kurz nach meinem Anruf hörte ich die Sirene eines Streifenwagens.

Noch heute bin ich den Studenten sehr dankbar, die mich damals gerettet haben. Tatsächlich kam bald ein Kriminalkommissar, der mich in seinem geblümten Hemd mit Goldkettchen stark an Schimmi erinnerte, die Spurensicherung allerdings im

Gegensatz zum Original selbst durchführte und überall mit einem Pinsel schwarzen Puder verteilte.

Während er seine Arbeit verrichtete, war der Unhold schon von der Streife, die ich gehört hatte, gefasst worden, weil er angefangen hatte zu rennen, als er sie sah.

Dieses Erlebnis hat mich sehr erschüttert, und die nächsten Nächte habe ich bei Onkel und Tante im Gräbele (schwäbisch für »Besucherritze«) geschlafen und bin tagsüber mit meiner Tante ins Büro gegangen.

Immer wieder fragte ich im Gespräch mit Onkel und Tante (die ironischerweise auch noch Bewährungshelferin war), womit der Einbrecher denn die Tür aufgeschlagen hatte. Immer wichen sie mir aus.

»Na, der hat wohl im Garten einen Stein gefunden. – Ach, das ist doch nicht so wichtig! – Keine Ahnung. Das hat man nie herausgefunden.«

Erst vor ein paar Jahren habe ich dann erfahren, dass der Mann in seiner Plastiktüte eine Axt mitführte, die er vorher aus dem Schuppen geklaut hatte. Aah! Er stand mit einer Axt vor meinem Bett! Onkel und Tante wollten nicht, dass ich das erfuhr … Verstehe ich auch irgendwie, und dafür bin ich ihnen auch dankbar. Trotzdem erhöht sich in der Nachschau das Grauen …

Wobei meine Tante mir immer wieder versicherte, dass Einbrecher einem nichts tun. So grundsätzlich. Die wollen in Ruhe ein Haus ausräumen und türmen lieber, als dass sie angreifen. Sagte meine Tante.

Das erinnert mich an Reptilien oder Wildschweine, die ja auch alle mehr Angst vor mir haben als ich vor ihnen. Meist. Außer, sie wollen ihre Jungen beschützen oder sind verletzt. Oder krank. Oder haben einen schlechten Tag. Ihre Tage. Fußpilz. Mittwochs. In ungeraden Monaten. Moment, was sind denn ungerade Monate? Genau.

Nun, diese Einbrecher-vor-dem-Bett-Situation war auf jeden Fall eine, in der es vollkommen normal war, Angst zu haben. Eine gesunde und für jeden verständliche Angst. Die leider mich getroffen hat, eine junge Frau, die schon als kleine Katja vor vielem erst einmal Angst hatte.

Katja? Wieso denn Katja? Das möchte ich gerne aufklären: Vielleicht liegen meine Ängste nämlich auch in einer tiefen Persönlichkeitsverunsicherung begründet. Schließlich wurde ich auf den Namen »Katharina« getauft, ein hübscher Name, unter anderem der einer mächtigen (und wahrscheinlich angstfreien) russischen Zarin.

Nun kann es sein, dass ich nach der Taufe mit kaltem Wasser gleich ein wenig geschrumpft bin, weshalb meine Eltern die Namensgleichheit mit Katharina der Großen doch unpassend fanden und sich schnurstracks umentschieden und mich fortan Katja nannten. Einfach so und ohne Not und vor allem, ohne diesen Namen irgendwo urkundlich zu vermerken. »Ja, ja, die Katja, die hat ja Wodka im Blut, Feuer im Herzen und die Augen voll Glut«, möchte ich da den großen deutschen Sonnenbrille-auch-an-regnerischen-Tagen-Träger Heino zitieren und die Affinität zum Russischen (Wodka!) nicht unbemerkt lassen.

Nun kommen die meisten Kinder ja irgendwann in das Alter, in dem sie fürchten oder hoffen, adoptiert zu sein. Bei mir war es lediglich meine angeborene Gründlichkeit, die mich darauf brachte, die Urkunde meiner Existenz einsehen zu wollen. Ich muss so um die neun Jahre gewesen sein. Selbst in der Schule war ich nur Katja, in meinem Zeugnis steht just dieser Name. Und ich war bass erstaunt, als ich auf meiner Geburtsurkunde neben meinem Geburtstag den Namen Katharina Lachmann las. »Wer ist dieses Weib? Und warum habt ihr uns vertauscht?«, herrschte ich meine Eltern an.

»Das bist du!«, wollte ich nicht gelten lassen. Schließlich tauft man auch niemanden auf den Namen Jürgen, um ihn fortan Michael zu nennen, oder? Sie merken schon, bis heute habe ich mich nicht beruhigt. Katharina ist solch ein schöner Name! Er tauchte aber nie wieder auf, es ging ohne Umwege weiter mit Katja, bis sich eine Freundin angewöhnte, mich Käthe zu nennen. Und dabei ist es geblieben. Eine kurze Revolution im Rahmen meiner Therapie, während der mir träumte, ich sei im falschen Körper gefangen und sei eigentlich wirklich eine Katharina, war schnell wieder vorbei, nachdem sie im Freundeskreis für große Irritationen gesorgt hatte.

Heute noch werde ich, vor allem von Verwandten, Katja genannt. Alle anderen sagen Käthe. Oder Manfred. Nein, das war ein Scherz. Wird man ja wohl auch mal machen dürfen, wenn schon, denn schon. Und dabei wollen wir's belassen.

Ich hatte also wenig von der mutigen Russin Katharina, die Furcht der kleinen Katja hingegen hatte viele Gelegenheiten, sich bemerkbar zu machen: Ich fürchtete mich vor dem Schwimmunterricht bei Herrn Seenot (Name geändert), der meine Freundin Gabi und mich rechts und links von sich abwechselnd unter»tunkte«, vor dem Musikunterricht bei Frau Kraus (»Wenn sie im Musikunterricht nicht spuren, drücke ich es ihnen in Mathe rein«) – sie war eine Margaret Thatcher in streng –, vor dem Sportunterricht (Stichwort »Stufenbarren«) und vor dem infernalischen Schnarchen meines Vaters, das unser ganzes Haus vibrieren ließ.

Wenn ich aus Angst im Dunkeln nicht schlafen konnte, suchte ich das Schlafzimmer meiner Eltern auf. Und wenn es ganz blöd lief, bot mir meine Mutter den Platz an der Seite meines Vaters an, um dann selbst in meinem ruhigen, gemütlichen Bett weiterzuschlummern, während ich noch mehr bibbernd neben dem wie eine Horde Wildschweine röhrenden Mann zu liegen kam. Immerhin wurde ich in diesen Nächten im Sommer nicht von Mücken heimgesucht, schließlich kommen die federleichten Insekten nicht gegen die Schallwellen an.

Mein Vater schnarchte nicht nur leidenschaftlich gern, er war auch dem Pilzesammeln zugetan. Und seinen Fang pflegte er dann auch zuzubereiten. Ich, als recht vorsichtiges Kind, stand dann vor dem Dilemma: Was ist schlimmer? Mitessen und sterben? Oder keine Pilze essen und dann als Vollwaise zurückbleiben? Meist entschied ich mich für Letzteres. Schließlich war es gut, wenn einer noch den Notarzt rufen konnte.

Ja, wahrscheinlich war ich ein eher ängstliches Kind. Zwar kletterte ich auf Bäume und fuhr Schlitten, davon abgesehen war ich aber nie sehr wagemutig. Und ich hatte eine blühende Fantasie, konnte mir also aus dem Stegreif die schlimmsten Katastrophen vorstellen.

Dabei unterstützte mich jahrelang ein immer wiederkehrender Albtraum: Ich stürze durch die Mitte der Wendeltreppe in meinem Elternhaus. Kurz vor dem Aufprall wache ich jedes Mal auf. Es war schrecklich, aber das haben ja Albträume so an sich. Sonst hießen sie ja Freudenträume.

Angst hat also in meinem Leben immer schon eine gewisse Rolle gespielt. Vielleicht ist das auch mit ein Grund für meine besonderen Ängste: Jeder hat irgendwann unbewusst gelernt, wenn es stressig wird zu reagieren. Mit Schlafstörungen. Mit Angst. Oder Wut. Oder Bluthochdruck. Oder Magenschmerzen. Oder Depressionen. Oder Zwängen. Oder Migräne. Oder Fressattacken. Oder allem auf einmal. Oder, oder, oder.

Jeder hat eine Anlage für »seine« Störung, viele können auch gut mit Stress umgehen, beziehungsweise geraten erst gar nicht so sehr unter Druck, dass sie noch größere Probleme bekommen. Oder sie haben einen herrlichen Ausgleich – etwa Shoppen, Alkohol oder andere Drogen.

Warum mich schnell etwas stresst und ich nicht merke, wenn ich zu sehr unter Druck bin – ich weiß es nicht. Und es ist ganz wunderbar, dass meine Seele sich für Todesangst entschieden hat, um mir zu zeigen, dass ich eine Pause brauche. Danke dafür. Ich meine das nur halb ironisch. Schließlich konnte sie mir schlecht 'ne SMS schicken. Meine Seele hat kein Handy.

Natürlich spielt mein Elternhaus eine Rolle, das habe ich in meinen Therapien alles aufbereitet: die postnatale Depression meiner Mutter, die dazu führte, dass ich frischgeboren die ersten Wochen und Monate bei meiner Oma und einer Nachbarin meiner Eltern verbrachte. Noch dazu in Pfullingen. Das wäre in etwa so, als wäre ein Kölner in Düsseldorfer Obhut gewesen. Unvorstellbar grauenhaft.

Dazu kommen natürlich die verschiedensten Programme, die ich mir in meinem Leben antrainiert habe. Viele kennen diese Programme von sich selbst: Immer versuchen, niemandem wehzutun (außer sich selbst natürlich. ICH darf leiden wie bescheuert. Das ist okay.), es allen recht machen, nur mir nicht (wenn ich überhaupt weiß, wann ich es mir recht mache: Will ich wirklich die Sickergrube ausheben, oder tut mir nur der Mann so leid, dass ich ihm unbedingt helfen muss, auch wenn das nun wirklich nicht meine Aufgabe ist?). Was denken die anderen von mir? Gaaaanz wichtig! Immer darauf achten. Brav sein. Nett und lieb. Blablabla. Alles schon tausendmal gehört. Trotzdem tappe ich immer wieder in die Falle:

Ich habe vollstes Verständnis für alle, die mir nicht beim Umzug helfen wollen. Hey – wir sind jetzt wirklich schon lange in einem Alter, in dem man mit Umzugsunternehmen arbeitet! Aber wenn mich jemand fragt: »Natürlich! Ich helfe! Ich schleppe mit dir alleine alle Möbel aus dem Fünften in Wilhelmsburg in den Vierten in Poppenbüttel! Zu Fuß! Ach so, nicht MIT dir? Du hast Rücken? Klar mach ich das auch ganz allein!«

Es könnte ja sonst sein, dass ich nicht mehr gemocht werde. Aaaah! Es müssen mich aber alle mögen! Schließlich mag ich ja auch alle! Wirklich alle. Immer. Und wenn mich nicht mehr alle mögen?

Dann ist das eben so. Auf ihre Mögung kann ich dann auch verzichten. Nicht. Bis dahin ist es immer noch ein großer Schritt, ein ruhiger Fluss, ein langer Weg. Natürlich soll und will ich auch nicht zur Total-Egomanin werden. Davon gibt es wirklich schon genug.

»Ichichich« lautet ja das Motto in unserer Gesellschaft. ICH habe jetzt Spaß, deshalb gröle ICH laut rum – es ist mir egal, dass da Leute wohnen, die schlafen wollen. ICH stelle mich mit dem Auto auf den Gehweg, denn ICH brauche ja einen Parkplatz. Ist mir egal, wenn ein Vater mit Kinderwagen da nicht vorbeikommt. ICH drängle mich vor beim Check-in-Schalter am Flughafen, denn ICH will ja meinen Flug nicht verpassen. Wenn ICH rauchen will, dann rauche ICH eben. Und wenn alle was davon mitkriegen, ist mir das so egal, denn ICH will ja schließlich rauchen. So.

Da bin ich ja jetzt meine Aggressionen losgeworden, ohne jemanden direkt angreifen zu müssen. Puh. Gott sei Dank. Ich habe jetzt schon Angst vor den Protestbriefen der zahlreichen Raucher. Mögt ihr mich trotzdem noch?

Klar ist: Wir lernen bestimmte Muster in der Kindheit (ich meine jetzt nicht Hahnentritt oder Schottenkaro, sondern Verhaltensweisen), mit denen wir früher sehr gut gefahren sind. Es ist normal, als kleines Kind Angst zu haben, wenn sich die Mutter entfernt. Und deshalb sichergehen zu wollen, dass sie das nicht tut, indem man nie aufmüpfig wird, sondern immer lieb und brav bleibt. Nur als Erwachsener braucht man diese starke Verbindung nicht mehr. Wir haben uns verändert, können selbst für uns sorgen.

Wenn wir uns aber, wie in meinem Fall, niemals hundertprozentig abgenabelt haben oder nie das Urvertrauen verinnerlichen konnten, sich absolut geborgen und sicher zu fühlen, dann können wir unser Leben lang verwundbar bleiben und uns unseres Selbst nie ganz sicher sein.

Wie so oft ist aber auch hier Erkenntnis – die wir mit der Hilfe einer kompetenten Therapeutin oder eines kompetenten Therapeuten erlangen können – der erste Schritt zur Besserung. Indem wir uns bewusst werden, dass wir als Erwachsene diese feste Bindung nicht mehr benötigen, sondern sehr gut alleine zurechtkommen (dennoch auch mit Freunden und Familie verbunden sind, versteht sich), können wir Selbstvertrauen entwickeln, uns endgültig abnabeln und autonom und glücklich sein. Und das heißt nicht, dass man sich (also ich mir) nach diesem Prozess nicht eine gute Portion Verrücktheit, Kindlichkeit bewahren kann.

Meine Angst jedoch versucht, diesen Prozess aufzuhalten. Schließlich ist es vertrauter, im bekannten Muster des abhängigen Kindes zu verharren. Alles Neue macht Angst. Meine Seele ist in der Pubertät, und ich quäle mich durch panische Zeiten:

»Ich finde dich toll!«

»Ich dich auch!«

Honigmond, schmacht, Sehnsuchts-SMS, Bärchen, Schatzi.

– Zeit –

»Ich brauche meinen Freiraum.«

»Aber ich liebe dich!«

»Ich dich aber nicht mehr. Tut mir leid!«

Taschentücherberge, Kilos purzeln nicht, sondern rollen sich schwerfällig, dafür nachhaltig vom Körper, Standleitung zur besten Freundin / zum besten Kumpel.

– Zeit –

»Ich finde dich toll!«

»Ich dich auch!«

Honigmond, schmacht, Sehnsuchts-SMS, Hasi, Mausi.

– Zeit –

»Ich brauche meinen Freiraum.«

…

Warum? Warum macht man das immer wieder und es ist vollkommen wurst, wie oft man schon auf die Nase geplumpst ist und sich grässlich gefühlt hat? Immer wieder hofft man, dass es diesmal klappt! Und man guckt sich um und denkt, alle anderen kriegen das doch auch hin, dann wird einem das wohl auch gelingen und schmeißt sich der nächsten Niete an den Hals.

Oder genauso ist es mit Alkohol: Nach einem Tässchen vergorenen Getränks zu viel schwört man anderntags, nur noch Gemüsesaft und Brottrunk zu erliegen – aber auf der nächsten Party ist alles vergessen, und man erinnert sich lediglich an die Spritzigkeit eines zünftigen Gin Tonics.

Aber bekommt man ein einziges Mal, nur einmal, im Supermarkt eine klitzekleine Panikattacke – ja, Panikattacken sind schrecklich, das ist keine Frage, aber sie gehen schneller vorbei als Liebeskummer –, geht man ab da nur noch, wenn überhaupt, in Begleitung einkaufen. Mit der Begründung, es könnte ja sein, dass es einem das nächste Mal wieder schlecht geht beim Brokkolikauf, als wäre der Supermarkt schuld daran.

Und Busfahren? Da hatte ich doch so schlimm Angst. Ich fahre lieber Taxi!

Liegt es vielleicht daran, dass man im Falle einer Liebesbeziehung oder einer durchzechten Nacht schon damit rechnet, was einem am anderen Tag oder irgendwann blüht, und im Supermarkt oder im Bus rechnet man mit gar nichts, außer mit leeren (Geld-) und vollen Beuteln und dorthin gebracht zu werden, wo man hinmöchte?

Die Angst vor der Angst ist ein scheußliches Scheusal, komplett irrational (im Gegensatz zur Panikattacke, haha) und äußerst unangenehm. Aktivitäten, die ich bislang einfach gemacht habe, ohne großartig darüber nachzudenken, stehen plötzlich vor mir wie ein gepflegter Gang zum Schafott.

Hatte ich einmal Panik in der U-Bahn, fahre ich öfter mit dem Rad und rede mir und anderen ein, es sei eh gesünder. Im Kino sitze ich nur noch am Rand, und wenn es da keinen Platz gibt, warte ich eben, bis es den Film auf DVD gibt. Und größere Reisen mache ich alleine gar nicht mehr. Weil ich immerzu befürchte, ich könnte wieder eine Panikattacke bekommen, schränke ich mich mehr und mehr ein, nur zu Hause, da ist es sicher, da ist es schön, da bin ich entspannt. Zum Glück habe ich wenigstens diesen einen Ort, von dem aus ich allmählich meine Fühler wieder weiter ausstrecken kann und mir mit viel Geduld mein Territorium zurückerobern kann.

Dabei habe ich auch ermutigende Erlebnisse: Dieser Flug zurück aus dem Urlaub. Fliegen ist für mich ja immer so eine Sache. Je nachdem wie gestresst ich bin, geht es ein bisschen oder fast gar nicht. In jenem Sommer war ich eher gestresst. Obwohl wir soeben aus dem Urlaub kamen. Wir flogen aus Florenz nach Stuttgart, dann trennten sich, wie wir es vorher geplant hatten, unsere Wege. Mein Freund musste nach Nürnberg, ich heim nach Hamburg.

Als wir in Florenz unsere Bordkarten in Empfang nahmen, bemerkte mein Freund, dass wir einen Fenster- und einen Mittelplatz haben.

»Ach so, dann kann ich wohl nicht mitfliegen. Na gut. Dann suche ich mir eben eine preiswerte Wohnung in Florenz und bleibe hier.« Nicht schlimm, dachte ich. Um dann richtigzustellen: Nein. Schlimm nicht. Eine Katastrophe!

»Das geht überhaupt nicht, ich MUSS am Gang sitzen, ich drehe sonst durch!«

Mit Tränen in den Augen stellten wir uns wieder am Schalter an und beschworen die freundliche Italienerin, dass wir andere

Plätze brauchten. Es sei nichts zu machen, erklärte sie und bat uns höflich, den Schalter frei zu machen für Leute mit echten Problemen.

In mir war starker Seegang, ach, was sage ich, Sturm und Turbulenzen, Atemnot, Herzrasen, eine geradezu Pieter Brueghel'sche Untergangsstimmung.

Fliegen in einem Flugzeug – schlimm. Aber fliegen in einem Flugzeug und dabei nicht am Gang sitzen – absolut unmöglich.

Mein Freund versuchte mich zu beruhigen und schlug vor, dass wir im Flieger einfach fragen sollten, ob jemand mit uns tauscht. Bis zur Gate-Öffnung malte ich mir sämtliche Szenarios aus, die passieren konnten: Wir werden ausgelacht, niemand tauscht, alle wollen am Gang sitzen, wir werden verhauen, weil wir die Dreistigkeit besitzen, danach zu fragen, die Stewardessen sagen, wir müssen auf unsere Plätze, ich darf zwar am Rand, aber nicht neben meinem Freund sitzen – leider dauerte es ziemlich lang, bis das Flugzeug zum Einsteigen bereit war, Zeit, die ich ausgiebig nutzte, um mich vollkommen verrückt zu machen.

Als wir schließlich drin und an unserer Reihe angekommen waren, rutschte der Mann am Randplatz auf unsere Bitte hin ganz selbstverständlich Richtung Fenster, er schien sich sogar zu freuen, noch diesen tollen Platz ergattert zu haben. Schweißgebadet und erleichtert sank ich auf meinen Sitz und versuchte, in den Bauch zu atmen, um mich zu beruhigen.

Die Stunde nach Stuttgart ging überraschend schnell vorbei, doch während der Landung fiel mir siedend heiß ein: Den nächsten Flug von Stuttgart nach Hamburg musste ich allein machen. Allein! Hierfür hatte ich zum Glück schon einen Platz am Gang, aber allein fliegen – was hatte ich mir nur dabei gedacht, als wir diesen Plan ausgeheckt hatten? Wir hatten die Tickets ja so gebucht, und ich hatte meinen Freund nicht für verrückt erklärt! Ich erinnerte mich nicht daran, es war Monate her, aber wahrscheinlich hatten wir mit dem Laptop zusammen auf der Couch gesessen, im sicheren, gemütlichen Zuhause, und ich hatte gähnend zu ihm gesagt: »Klar, du fliegst zu deinem Geschäftstermin nach Nürnberg, und ich fliege nach Hause. Alles andere wäre doch Quatsch.« Ich war mir sicher, dass ich das zu dem Zeitpunkt auch genau so gemeint hatte und hinterher ganz entspannt schlafen gegangen bin. Es war ja auch noch lange hin gewesen.

Im Gegensatz zu jetzt. Jetzt war es nämlich so weit. Weil sein Flug später ging, begleitete mich mein Freund zu meinem Gate. Was hatte ich nur getan, ich Unglückselige! Wie konnte ich mir das nur antun! Ich hatte solche Angst, ich konnte mir beim besten Willen nicht vorstellen, wie ich das allein machen sollte! Ich weinte, ich atmete, ich versuchte mich zu beruhigen, mein Freund versuchte das auch. Es gelang uns beiden nicht so richtig gut. Währenddessen ging ich bestimmt zehnmal aufs Klo, es war fast so, als wollte mich meine Blase in meiner Ansicht unterstützen, dass es grob fahrlässig war, was ich da vorhatte.

Ich stellte mir vor, was alles passieren würde im Flugzeug: Allem voran würde ich eine furchtbare Panikattacke bekommen, ich würde rumschreien, keine Luft mehr bekommen, wir würden notlanden, ich würde schuld sein an allen Widrigkeiten für die Besatzung und übrigen Passagiere, und ich würde komplett verrückt werden und in die Psychiatrie eingeliefert werden, mit Tabletten vollgestopft, bevor ich, mit einem Speichelfaden am Mund – Sie ahnen es – achtlos ins Armengrab vor der Stadt geschubst und bei lebendigem Leib begraben würde. Das erschien mir am allerwahrscheinlichsten, wenn ich dieses Flugzeug betrat.

Mit Engelszungen redete mein Partner auf mich ein, versuchte, mir Mut zu machen, überlegte, seinen Flug noch schnell umzubuchen, um mich doch begleiten zu können, und am nächsten Morgen in aller Herrgottsfrühe von Hamburg nach Nürnberg zu fliegen, er tröstete mich, nahm mich in den Arm, sprach mir weiter Mut zu, sagte, dass ich es gut allein schaffen konnte. Ich hörte ihm nur halb zu und ließ lieber noch mal alle

Horrorszenarios Revue passieren, bis ich plötzlich merkte: Vielleicht wird es tatsächlich nicht ganz so schlimm. Mag sein, dass es ein anstrengender Flug werden würde, ja, vielleicht würde ich Angst haben, aber ich würde es durchstehen. Irgendetwas in mir bedeutete mir, dass ich es allein hinbekommen konnte. Dass es sogar besser war, wenn ich allein war.

Dann bat ich meinen Freund zu gehen. Ich sagte ihm, dass ich es besser schaffte, wenn er nicht mehr bei mir war und mich tröstete. Weil ich es dann schaffen musste. Ich musste stark sein, wenn ich mich nicht mehr darauf verlassen konnte, dass er mich rettete, so pathetisch das auch klingt. Solange er da war, konnte ich klein sein, ängstlich sein, denn da war ja mein Held, der auf mich aufpasste. Sobald er nicht mehr da war, musste ich meine eigene Frau stehen. Ich schickte ihn fort, er fragte mich mehrfach, ob ich das wirklich wollte, ja, wollte ich, und siehe da: Als er weg war, nahm meine Angst ab. Ich war mir ziemlich sicher, dass ich allein fliegen konnte. Also in einem Flugzeug mit Pilot und Stewardessen. Mit denen konnte ich ja zur Not auch noch sprechen, auf jeden Fall würde es gut gehen. Plötzlich war ich zuversichtlich.

Der Flug verlief reibungslos, ich fühlte mich sogar nicht besonders unwohl. Es war gut, es allein schaffen zu wollen. Denn eigentlich wusste ich tief in mir drin: Ich kann das!

Manchmal ist die »Angst vor der Angst« nämlich wirklich »nur« eine Angst: eine irreale Katastrophisierung, die überhaupt nicht eintreten muss.

HALLO! KÖNNEN SIE MICH VERSTEHEN?

Bestimmt kennen Sie auch das Lied:

»Ein Therapeut,
dein guter Therapeut,
das ist das Beste,
was es gibt
auf der Welt!«

Ein wunderbarer Schlager der *Comedian Harmonists*, uralt und dabei inhaltlich immer noch brandaktuell.

Wirklich bewundernswert, die Damen und Herren, die sich auf die Fahnen geschrieben haben, die Neurosen der unterschiedlichsten Menschen zu heilen! Tag für Tag sitzen sie in ihren mehr oder minder geschmackvoll eingerichteten Praxisräumen und empfangen Menschen, die nur wegen ihrer Probleme zu ihnen kommen. Sie treffen auf Egomanen, die ausschließlich von sich erzählen, keinen von ihnen interessiert es, wie es ihm, dem Therapeuten, eigentlich gerade geht und ob er das gerade überhaupt hören will! Immer wieder dieselbe Leier, »mein Mann ist doof«, »meine Mutter war schwierig, mein Vater nie da, und dann war da noch diese eine Sache, über die ich eigentlich nicht sprechen möchte«. Dann müssen sie die traurigen, verstörten, ängstlichen Menschen auch noch ermuntern, weiter von ihren kruden Gedanken und Gefühlen zu berichten, obwohl sie eigentlich selbst gerade genug eigene Themen und noch eine Menge auf dem Zettel haben. Respekt!

Und anstatt sich darüber zu beschweren, fahren sie jede Woche wieder zur Metro und kaufen klaglos palettenweise Papiertaschentücher für ihre Patienten. Diese liegen dann mal auffordernd (heul doch!) in Form eines Stapels neben dem Gästesessel, mal verstecken sie sich diskret in einer Holzkiste auf dem kleinen Beistelltischchen neben dem Therapeuten, damit dieser gegebenenfalls mit mitfühlendem Blick eines herüberreichen kann. Können Therapeuten Taschentücher von der Steuer absetzen?

Für Selbstzahler gilt »teuer Heulen«, bei allen anderen bezahlt zum Glück die Gesundheitskasse, wie viel beim Therapeuten hängen bleibt, weiß man nicht. Es gehören viel Altruismus und Menschenliebe dazu, Therapeut zu werden. Doch wie finde ich einen, der für mich passt?

Fünf »probatorische Sitzungen« hat man bei der Krankenkasse frei, bevor man sich für einen »Shrink«, wie sie in Amerika heißen, entscheiden muss.

Man kann sich also mit fünf verschiedenen, vollkommen fremden Menschen, die man im Internet oder mithilfe der Kasse oder des Hausarztes gefunden hat, unterhalten. Blinddating auf Krankenschein, sozusagen. Oder man unterhält sich mit einem zweimal und mit einer dreimal. Oder mit einer viermal, um sich dann doch noch einen anzugucken, und der wird's dann – die Person, der ich einfach alles erzählen kann, vor der mir nichts, aber auch gar nichts peinlich sein muss. Jemand, der mir natürlich sympathisch sein muss.

Ich darf einfach nur auf mein Gefühl hören und erkenne von ganz allein, ob ich dieser Person – ob Mann oder Frau muss auch jeder selbst wissen –, ob ich dieser Person also vertraue. Nicht vertrauen im Sinne von »ich mache mit ihr eine Weltreise und gebe ihr meinen Wohnungsschlüssel« – wobei, den braucht sie ja gar nicht, wenn wir sowieso zusammen unterwegs sind –, sondern dass ich mich mit ihr oder ihm so wohlfühle, dass ich weiß, dass all meine Gedanken und Gefühle bei ihm oder ihr in guten Ohren und in guten Händen sind.

Nicht zu verwechseln mit einem potenziellen Partner oder einer Partnerin. So sympathisch muss sie oder er einem auch nicht sein, im Gegenteil. Wenn man seinen Therapeuten heiß findet, erzählt man wahrscheinlich lieber, wie großartig man selbst ist, und hält mit den Kümmernissen hinterm Berg. Und wenn wir uns dann geeinigt haben, dass wir zusammen meinen Problemberg, oder -hügel, abtragen, dann darf ich einmal die Woche alles erzählen, was mich beschäftigt.

Ich empfinde es als äußerst wohltuend, dass es der Beruf dieser Person ist, die ich da mit meinen Problemen volllabere – sie bekommt Geld dafür und kann damit umgehen. Natürlich sind auch Freunde sehr wichtig, aber diese brauche ich auch einfach mal, um mit ihnen Spaß zu haben. Um mir auch ihre Sorgen anzuhören. Um mal einen netten Abend zusammen zu haben. Die möchte ich nicht immerzu mit meinen Ängsten und Mustern belasten. Beim Therapeuten kann ich mir sicher sein, dass er meine Sorgen so oder ähnlich schon oft gehört hat, dass er oder sie weiß, was er machen kann, um mir zu helfen.

So ist das auch bei meiner neuen Therapeutin, einer tiefenpsychologischen Therapeutin. Sie ist mir nicht böse, wenn ich ihr etwas zum dritten Mal erzähle. Sie guckt nicht komisch, wenn ich ihr Details aus meinem Liebesleben schildere. Sie hat noch nie gesagt: »Ich möchte das nicht hören, Frau Lachmann!« oder: »Sie sind ja komisch drauf. Erzählen Sie das Ihrem Friseur!« oder: »Ekelhaft! Widerlich! Bitte verlassen Sie meine Praxis, Sie haben mir den Appetit verdorben!«

Herrlich! Und das Beste ist: Ich habe ständig Aha-Erlebnisse. Etwas, womit ich arbeiten kann, was mich weiterbringt. Ein Gespräch mit meiner Psychologin ist keine Beichte, nichts, wonach ich Absolution erhalte. Dennoch geht es mir auf lange Sicht danach besser, ich bin befreit und habe wieder etwas herausgefunden, was meine Seele stört.

Die Sitzungen können ganz schön mühsam und anstrengend sein. Oft genug habe ich hinterher nicht mal mehr die Kraft, bei Karstadt einzukehren, obschon es mir auch sehr schwerfällt, an Karstadt einfach nur vorbeizufahren. Mein Karstadt in der Osterstraße! Wunderbare Warenvielfalt! Eigentlich muss ich da rein, wenn ich schon in der Gegend bin. Und meine Therapeutin ist in der Gegend von Karstadt. Aber manchmal bin ich nach einer Sitzung so platt, dass ich den kleinen Schlenker ins Kaufhaus nicht mehr schaffe, sondern zu Hause auf das Sofa falle und alle fünfe gerade und den lieben Herrgott einen gerechten Mann sein lasse.

Wenn die Seele arbeitet, kann das schlimmer sein als eine Stunde joggen. Habe ich mir sagen lassen. Ich war noch nie eine Stunde joggen.

Aber die Mühe lohnt sich, es ist nicht nur wunderbar, ein Gegenüber zu haben, mit dem man sein Leben plötzlich aus einer vollkommen anderen Warte sieht. Mit dem man Erkenntnisse hat, auf die man selbst im Leben nicht gekommen wäre. Wie alles zusammenhängt, warum man sich wie verhält. Es führt einen nämlich auch zum Ziel, da hin, wo es einem besser geht und man sein Leben wieder genießen kann.

Und auch weinen ist mit Therapeutin nicht schlimm. Sie rechnet damit.

Deshalb die Taschentücher.

Natürlich gibt es auch andere Menschen in meinem Leben. Leute, die ich schon lange kenne und die mich lange kennen. Da ist es dann etwas anders als in meinem geschützten Heulraum. Klar freue ich mich über eine Einladung zum Osterbrunch bei langjährigen Freunden. Einerseits. Es wird gegrillt, leckere Salate und Prosecco stehen auf dem Tisch. Andererseits: Leider nicht für mich. Das für mich denkbar schlechteste Setting wurde aufgebaut, wahrscheinlich nur, um mir eins reinzuwürgen. Eine große, förmliche Tafel, weiß gedeckt, alle sitzen drum herum.

Natürlich bin ich ja inzwischen Angstprofi und habe mir zu Hause alleine in der Küche schon den Bauch vollgeschlagen.

Wir bringen Brötchen mit, zwei davon hab ich schon verputzt. Heute bin ich aus irgendwelchen Gründen besonders angespannt und kann nur gerade so meine Lippen mit etwas Wasser benetzen, das ist alles. Der Duft von gebratenem Fisch steigt mir in die Nase, mein Speichelfluss reagiert an sich vorbildlich, und ich denke an die Banane, die ich in der Tasche habe. Als Notfallration, wenn es sein muss, ist sie auch im kleinsten aller Zimmer einzunehmen. Ich merke, dass ich meine Kiefer fest aufeinanderpresse, fast so, als wollte ich es mir schon körperlich unmöglich machen, etwas zu mir zu nehmen.

Als alle mit vollgepackten Tellern am Tisch sitzen, fragt Paul, der Bruder von Daggi: »Hey, erzähl mal, warum bist du nicht mehr auf der Bühne?«

Einerseits freue ich mich, dass ich erklären darf, warum ich nichts esse, ich habe ja schon die ganze Zeit das Gefühl, als starrten mir alle auf den Teller. Andererseits schäme ich mich. Ich schäme mich für meinen Dachschaden. Natürlich ahne ich, dass man das nicht so gut verstehen kann, was ich habe, ich verstehe es selbst ja oft nicht.

Außerdem bin ich megariesenangespannt und kann das nicht ganz locker und mit Normalpuls erklären. Aber es freut mich, dass jemand echtes Interesse zeigt, dass er nicht hinter meinem Rücken irgendwen fragt, sondern mich, direkt. Es will aus mir herausbrechen, gleichzeitig tue ich mir leid und fürchte, auf wenig Verständnis zu stoßen, schließlich hat man »so was« nicht. Gips an einem gebrochenen Fuß – gerne. Da kann man »Oh weh, die Arme!« denken. Jeder sieht ein: Die Frau kann schlecht beim Marathon dabei sein, muss den Tanzkurs ausfallen lassen und spart fünfzig Prozent bei der Pediküre. Niemand denkt, »die stellt sich aber an«, wenn man beim Fußballspiel nicht mitmachen möchte und lieber ein anderes Mal Schuhe kaufen geht.

Aber eine seelische Erkrankung? Und dann noch Angst? Die kann man nicht sehen. Man ist deswegen nicht gehbehindert –

jedenfalls nicht augenscheinlich –, man hat weder eitrige Pusteln noch grünen Auswurf. Eine seelische Erkrankung ist vielen entweder unheimlich, oder sie unterstellen einem Hypochondrie und Jammerlappigkeit.

So auch hier, bei diesen Leuten. Man kifft und trinkt, macht Party und ist cool drauf, da geht eine Psycho-Macke gar nicht, außer man ist Rockstar und bringt sich dann wenigstens um. Oder man hat zu viele der falschen Tabletten eingeworfen und bleibt dann auf irgendeinem Trip hängen, das wird auch noch akzeptiert, aber einfach so eine »Angststörung«? Warum? Und wozu?

Ich erzähle ein bisschen davon, von meinen Panikattacken auf der Bühne, dass die mich irgendwann daran hinderten aufzutreten, und erkläre, wie ich mich fühle, reiße es aber nur an, weil ich in betretene, verständnislose Gesichter sehe.

Gerade versuche ich von meinen Fluchtgedanken zu berichten, bei einem Auftritt mit mehreren Kollegen, da hellt sich die Miene von Beate auf: »Das kenne ich! Ich musste mal die Kinder nach einem Kindergeburtstag nach Hause bringen und musste dafür durch den Elbtunnel. Ich war schon hundertmal einfach so durch den Elbtunnel gefahren, aber dieses Mal war anders. Es war eine stressige Zeit, Olli hatte gerade seinen Job verloren, und Finn hatte schlimm Neurodermitis. Außerdem ging's meiner Mutter zu der Zeit gar nicht gut, und dann dieser Geburtstag mit zehn Kindern bei uns – egal, ich war also etwas gestresst und hatte das Auto voller Kinder und hinter mir Olli in seinem Wagen mit den restlichen Gästen, und kurz vor dem Elbtunnel denke ich: Oh Gott, ich schaff das nicht, ich kann da nicht durch, mir wurde ganz anders, dann hab ich mir aber gesagt, reiß dich zusammen, und ich hab es dann doch gemacht, bin einfach durchgefahren, so wie immer, und es hat natürlich gut geklappt, und die Angst war weg, und ich hatte nie wieder Probleme, durch den Elbtunnel zu fahren.«

Stille.

Alle gucken MICH an mit Blicken, die sagen: »Du Loserin, wieso fährst du nicht einfach auch durch deinen persönlichen Elbtunnel? Du stellst dich doch an! Reiß dich doch einfach mal zusammen, verwöhnte Künstlerin. Und Kinder hast du auch keine, du weißt doch überhaupt nicht, was Stress ist. Hast ja noch nie in deinem Leben richtig gearbeitet. Comedy! Ha!«

Meine anfängliche Euphorie darüber, dass jemand anderes Ähnliches erlebt hat, weicht augenblicklich der Scham und den Selbstvorwürfen: Vielleicht stimmt es ja, vielleicht stelle ich mich tatsächlich nur an, vielleicht habe ich nicht genug versucht. Und es ist ja auch für mich selbst sehr viel verständlicher, dass ich etwa mit einer starken Stimmbandentzündung nicht mehr auf die Bühne kann, einfach, weil mir die Stimme fehlt. Selbst mir würde ja eine körperliche Krankheit besser passen, wenn ich da wählen dürfte: »Entschuldigung, haben Sie noch was von der schweren Grippe? Ja? Oh, toll, dann nehme ich davon mal ein Kilo. Am Stück. Und geben Sie mir noch von dem Bandscheibenvorfall, der sieht auch ganz gut aus. Äh, vielleicht nur ein klitzekleines Stückchen. Kann ich mit Angst zahlen?« Natürlich, da wäre ich dabei!

So aber sage ich: »Beate, das tut mir leid, dass du diese Erfahrung machen musstest. Bei mir ist es etwas anders, ich bin ja über zwei Jahre auch mit Angst auf die Bühne gegangen, aber sie ging einfach nicht weg …«

»Na und? Ein bisschen Lampenfieber ist doch nur gut für die Konzentration!«

Ich merke, dass ich wütend werde. Wollen die mich nicht verstehen? Gerade Beate, die mich in der letzten Zeit öfter mal anrief, wenn sie jemanden zum Babysitten brauchte, ich aber oft einfach nicht konnte, weil ich mir das nicht zutraute. Weil ich unter Ängsten litt und zusehen musste, wie ich selbst über die Runden kam, da konnte ich nicht babysitten! Der Gedanke, mit zwei kleinen Kindern am Rande von Hamburg zu sitzen und die Verantwortung für die beiden zu haben, machte mir derartige

Angst, dass ich das einfach nicht konnte. Wenn ich mich doch selbst nicht alleine aus dem Haus wage, wie kann ich dann stundenlang auf fremde Kinder aufpassen?

Verzagt und debil vor mich hin lächelnd zugleich, sitze ich am Brunch-Tisch und sehe den anderen beim Essen zu. Ab und zu stehle ich mich auf die Gästetoilette, um etwas Wasser aus dem Hahn zu trinken. Ich bin nämlich richtig durstig. Und immer noch megaangespannt.

Später setze ich mich noch mal alleine mit Beate in den Garten. Sie dreht sich eine Zigarette und erklärt mir: »Also, es gab nicht nur die Sache mit dem Elbtunnel, ich fühle mich schon auch sonst manchmal nicht so super. Ich denke, das kennt jeder. Aber ich setze mich dann einfach auf mein Fahrrad und drehe eine große Runde, wenn es mir so geht. Ein Freund hat mir nämlich mal gesagt, dass Sport wichtig ist, auch für die Psyche und so.«

»Ich hatte das auch mal. Da habe ich dann einfach Sport gemacht!« Das, meine Damen und Herren, möchte man nicht hören, wenn man sich schämt, weil plötzlich nicht mehr alles so geht, wie man es möchte. Wenn man zu gern einfach wie ein »normaler« Mensch Sport machen würde, unbekümmert hingehen und mittanzen, wie man es Jahre vorher gemacht hat, ohne Angst zu haben, plötzlich zu ersticken oder verrückt zu werden. Ohne vorher wach zu liegen und sich die schlimmsten Horrorszenarios auszudenken, was alles passieren könnte, wenn man das Haus verlässt, um das zu machen, was einem bis dahin unbändigen Spaß gemacht hat.

»Wenn ich Schnupfen habe, trinke ich Ingwertee.« Das kann man einer erkälteten Person gerne mitteilen. Aber: »Wenn es mir so geht wie dir, schnappe ich mein Rad und drehe eine Runde um die Alster« – NO. Man sagt ja auch nicht zu Luke Skywalker: »Also, wenn ich von Stormtroopern angegriffen werde, arbeite ich schon aus Prinzip nur mit meinem Laserschwert.« Nachfragen, Interesse zeigen, Mitgefühl beweisen – sehr gerne.

Wie muss ich mir das vorstellen? Warum kannst du nichts essen, wovor genau hast du Angst? Hast du in die Richtung schon einmal schlechte Erfahrungen gemacht?

Wie kann sie nur zu mir sagen: »Wenn es mir so geht«? Woher weiß sie, wie es sich anfühlt? Wie es ist, eine als vollkommen realistisch empfundene Todesangst zu haben? Die Angst kann ich mir nicht einbilden, ich wüsste auch nicht, warum ich das sollte. »Was mache ich heute Nachmittag? Ach, ich glaube, ich kriege mal wieder keine Luft, mir wird schwindelig, und ich habe das Gefühl, dass jeder Moment der letzte ist oder dass ich wenigstens vollkommen verrückt werde und von nichts mehr etwas mitkriege – das hört sich doch nach einem prima Programm für den Samstagnachmittag an!«

Was ist das also? Ratlosigkeit oder Boshaftigkeit? Meine Psychotherapeutin würde wohl sagen: Gut verpackte Ohnmachtsgefühle mit einer Prise Ignoranz. Man kann den verrückten Zustand des Gegenübers nicht ertragen, also bagatellisiert man ihn.

Klar, es gibt bestimmt auch Leute, die legen Senfgurken auf ihre Bandscheibe und werden wieder gesund. Und das freut mich auch. Aber ich will doch ernst genommen werden! Welchen Sinn hätte es denn, wenn ich mir ausdenken würde, einen Dachschaden zu haben? Muss ich als Komikerin noch interessanter wirken, als ich es eh schon bin? Ich denke, nein.

Davon abgesehen traue ich mich zurzeit oft gar nicht, Sport zu machen. Denn beim Sport muss man ja auch atmen, es ist jedenfalls hilfreich, wenn man sich nicht anaerob durchs Leben schlägt. Und ein schneller Sprint – um den Bus noch zu kriegen – hat schon bei manchem eine Panikattacke ausgelöst. Klar, denn die »Symptome« sind ähnlich: Der Puls wird schneller, der Atem wird flach und schnell, der Mund trocknet aus, und – schwups – bildet sich ein krankes Hirn eine Panik ein. Es ist zeitweise ja fast unmöglich für mich, zum Nia zu gehen. Angst, Angst, Angst. Manchmal denke ich, wenn ich so oft vor etwas Angst habe, das Wort nur lese oder darüber spreche, dass sich dieses Gefühl nur noch mehr in mir manifestiert. Ich versuche, dem entgegenzuwirken. Ein Gegengewicht zu schaffen. Mit positiven Begriffen wie Mut, Zuversicht, Gelassenheit und Entspannung. Wer entspannt ist, hat keine Angst. Schokolade, Sommer, Ruhe, Musik.

Abends, wenn ich im Bett liege, versuche ich oft an Schönigkeiten zu denken. Und zwar ausschließlich an Schönigkeiten. Was war alles gut gewesen an diesem Tag? Das können ganz normale Sachen sein wie die 1a-Knoblauchtomatensoße zu den Spaghetti, das lange Telefonat mit meiner Lieblingstante und der wunderbare Animationsfilm *Alles steht Kopf*, den ich mit meinem Schatz zusammen geguckt habe. Oder dass meine Orchidee eine neue, wunderschöne Blüte hat, ich die Wohnung geputzt und die Idee für eine neue Kurzgeschichte aufgeschrieben habe.

Eine besondere Schönigkeit in meinem Leben ist mein Sport, mein geliebtes *Nia*, das ich zum Glück zu Fuß besuchen kann. *Nia* ist eine Mischung aus Entspannungstechniken, Tanz und Kampfsport, ein Zusammenspiel von Körper, Geist und Seele, barfuß und zu toller Musik, in meinem Fitnessstudio. Es geht dabei hauptsächlich um Freude an der Bewegung. Ich stehe eigentlich nicht auf solch spirituellen Kram. Aber beim *Nia* (Neuromuskuläre-Integrative Aktion) mitzusingen, alberne Bewegungen und Grimassen zu machen oder auf dem Boden rumzukugeln, macht einfach Spaß, lässt mich im Hier und Jetzt sein und sorgt dafür, dass ich lächelnd aus dem Fitnessstudio gehe und mich schon auf die nächste *Nia*-Stunde freue – ja, mir fehlt tatsächlich etwas, wenn ich mal nicht hinkann. Wenn ich wählen dürfte zwischen drei-, viermal die Woche zum *Nia* und jeden zweiten Tag Nougatschokolade – ich würde mich glatt für Ersteres entscheiden. *Nia* tut der Seele gut. Meiner Seele.

Aber manchmal schaffe ich es selbst nicht, dorthin zu gehen. Wie an dem einen Mittwoch:

Schon vor der Tür treffe ich fröhliche Mittänzerinnen, sie freuen sich auf die Stunde. Ich mich auch, dennoch wird ein Gedanke laut: Hoffentlich geht alles gut. Nicht, dass ich heute beim Tanzen eine Panikattacke bekomme. Sofort startet der innere Dialog mit mir selbst:

»Und wenn schon, dann gehe ich eben raus. «

»Dann gucken alle und denken: Was hat die denn?«

»Na und, mir doch egal. Die denken halt, die geht. Soo wichtig bist du auch nicht, dass du bei ihnen noch tagelang Thema bist.«

»Aber wenn ich heute gehe, dann kann ich das nächste Mal nicht gehen. Dann MUSS ich das nächste Mal dableiben, egal, wie scheiße es mir geht. Denn man kann nicht zweimal hintereinander rausgehen. Da werden die anderen denken, warum kommt sie überhaupt, wenn sie nicht bleiben will?«

»Wahrscheinlich muss ich ja gar nicht raus.«

»Aber ich habe ja jetzt schon einen total hohen Puls. Und atmen geht gar nicht so gut.«

»Ich begrüße die Angst!«

» Nein, ich will, dass sie weggeht!«

»Ja. Aber ich probier's trotzdem.«

Es ist ziemlich voll. Irgendwie stehen alle Teilnehmerinnen dieser Stunde heute hinter mir, nur ich bin ganz vorne. Die Musik beginnt. Es ist ein wuchtiger, martialischer Song. Oder kommt mir das nur so vor? Die Schritte im Warm-up sind einfach, mein Gehirn hat damit nicht viel zu tun, also nutzt es die vielversprechende Gelegenheit, um weiter zu katastrophisieren:

»Oje, mein Puls wird immer schneller, und ist hier drin nicht sehr schlechte Luft?«

»Ja, die Luft ist schlecht. Warum hat die in der roten Hose mich jetzt so komisch angeguckt? Sieht sie, dass es mir nicht gut geht? Und es sind erst zehn Minuten um, das ist erst das Warm-up. Wenn es gleich richtig losgeht, kippe ich bestimmt sofort um.«

»Ich muss hier raus.«

»Ich halte es noch aus. Ich kann ja jederzeit raus.«

»Es geht nicht mehr.«

»Aber wenn ich jetzt gehe, habe ich nächstes Mal richtig Angst hinzugehen. Ich muss bleiben.«

Ich verlasse fluchtartig den Tanzraum.

Sobald das Wörtchen »muss« auftaucht, geht bei mir leider überhaupt nichts mehr. Wenn ich irgendwas muss beziehungsweise nicht kann, dann will ich das auf gar keinen Fall beziehungsweise muss es unbedingt. So auch auf eine Toilette, wenn es weit und breit keine gibt.

Eine zweistündige geführte Wattwanderung kann man mit mir vergessen. Denn ich bin mir sicher: Selbst wenn ich tagelang nichts getrunken habe und davor dreimal auf dem Klo war – sobald wir mitten in der Nordsee stehen und weit und breit nur »Nichts« ist, werde ich derart dringend pinkeln müssen, dass mir umgehend der kalte Schweiß ausbricht, ich hektische Flecken bekomme und weiß, ich werde zum ersten Mal im Erwachsenenalter in die Hosen machen. Außer, ich hocke mich jetzt hier ins Watt. Und bitte meine Reisegruppe, sich geschlossen mit dem Rücken zu mir zu stellen. Das ist ja nun wirklich kein Problem. Hallo? Das kann ja wohl mal sein. Das macht ja wohl ü-ber-haupt nichts!

Nein, macht es auch nicht. Aber leider geht bei mir, sobald ich diese Herausforderung tapfer gemeistert habe, meinen bloßen Hintern in den Wind gehängt und auch das letzte Tröpfchen aus meiner Blase gepresst habe, wieder das Gedankenkarussell los: »Hoffentlich muss ich nicht gleich wieder. Das muss jetzt halten, bis wir wieder in der Zivilisation sind. Wie lange, haben die gesagt, geht die Wanderung? Oh, noch anderthalb Stunden. Das schaffe ich.« Und während ich mir Mut zuspreche, bemerke ich schon den erneuten Blasendruck. Das kann doch wohl nicht sein! Es geht von vorne los. Boah, ist mir warm.

Deshalb habe ich noch nie eine Wattwanderung gemacht. Es wäre mir zu peinlich, alle halbe Stunde meine Wanderfreunde bitten zu müssen, mich pullern zu lassen. Und deshalb sitze ich auch im Flugzeug am liebsten ganz hinten. Weil dann nicht so viele Menschen sehen, dass ich während eines einstündigen Fluges dreimal auf Toilette muss.

Das ist natürlich auch nur die Anspannung.

»Nur.« Haha.

Sie steigt parallel zur Erreichbarkeit einer Toilette.

Hier im Fitnessstudio könnte ich natürlich jederzeit aufs Klo. Und dann weitertanzen. Aber heute ist das nicht mein Problem. Ich habe einfach nur Angst mitzutanzen. Und das, obschon jede zweite *Nia*-Tänzerin Psychologin oder Heilpraktikerin ist. Ich steigere mich so in meine Angst hinein, bin überzeugt, dass ich demnächst überhaupt keine Luft mehr bekomme und dann entweder sofort ersticke oder wahnsinnig werde, in die Psychiatrie komme und dort auf ewig mit dem Locked-in-Syndrom rumsitze, bis ich endlich tot bin und (mal wieder) vor der Stadt ins Armengrab geworfen werde. Mir erscheint dieser Ausgang des Weitertanzens als sehr wahrscheinlich. Ich gehe raus. Aber draußen nehme ich mir vor, es wieder und wieder zu versuchen.

Ich habe mit mir dafür gekämpft, zum *Nia* zu gehen, und es immer wieder versucht. Manchmal musste ich rausgehen, vor Anspannung fast am Explodieren, denn dann hätte man das ganze Fitnessstudio neu machen müssen.

So viel zum Thema: »Wenn es mir so geht, mache ich einfach Sport.« Haha. Es ist toll, Sport zu machen, und mein *Nia* ist mir ganz gewiss auch eine große Stütze und hilfreich dabei, gesund zu werden. Körperlich in Form zu sein, hilft mir auf vielen Ebenen. Zum einen ist es wunderbar, nicht nach zwei Treppen außer Puste zu kommen und das dann eventuell mit einer Angstattacke zu verwechseln. Außerdem stärkt Sport mein

Selbstbewusstsein, ich gehe aufrechter, bin mir meiner selbst sicherer und kann erhobeneren Hauptes der Angst entgegenstehen. Dazu kommt, dass Glückshormone freigesetzt werden, ich fühle mich gut während und nach dem Sport, und wer sich gut fühlt, fühlt sich nicht schlecht – äh, ja.

Es gilt einfach, so viele Glücksmomente wie möglich zu sammeln und in die Waagschale zu werfen, damit die glückliche Seite gestärkt wird. Und jeder Sport kann das bewirken, Yoga, Joggen oder Klettern, Wandern oder Rhythmische Sportgymnastik – egal. Es tut gut, den eigenen Körper zu spüren, seine Grenzen zu erkennen und sich bewusst zu machen, dass da einiges doch ziemlich gut funktioniert.

Dennoch ist es meist nur mit Sport eben auch nicht getan und traurig, wenn einem jemand, der keine Ahnung hat, wie es in einem aussieht, lausige Ratschläge gibt.

Wie wunderbar dagegen, sich mit einem Freund zu unterhalten, der selbst meine Essensangst in ähnlicher Form kennt. Björn habe ich mal über gemeinsame Freunde beim Sport kennengelernt, genauer gesagt, beim Fußballgucken. Eine Zeit lang haben wir allerhand zusammen unternommen. Dabei fiel mir auf, dass er eher eigenbrötlerisch war und von sich aus nicht viel machte. Lieber saß er zu Hause und freute sich ganz offensichtlich, wenn ich ihn mal ins Open-Air-Kino oder in die Oper mitschleppte. War eben so.

Als ich ihm eines Tages von meiner Psycho-Macke erzählte, horchte er plötzlich auf. Und es sprudelte aus ihm heraus. Er litt nämlich an ähnlichen Ängsten und hatte bislang noch nie mit irgendwem darüber gesprochen. Für ihn musste das Gespräch wie eine Offenbarung und Erlösung gewesen sein.

Er hatte es sich in seiner Angst eingerichtet, vermied oft den Kontakt zur Außenwelt und arbeitete selbstständig von zu Hause aus. Ein kluger Mensch voller Kreativität, die er aber größtenteils nicht ausleben konnte, weil seine Angst ihn daran hinderte.

Selbst das Thema Essen, das ich tapfer anschnitt, kannte er. Allerdings hatte er nicht die Sorge, sich in Gegenwart anderer zu verschlucken, sondern sich erbrechen zu müssen. Einfach so, plötzlich und wenig dekorativ. Deshalb vermied er es tunlichst, in Gesellschaft zu essen, wenn er aus irgendwelchen Gründen angespannt war. Was für eine bescheuerte Angst, Leute! Wieso sollte man denn brechen, wenn man eine leckere Pizza oder ein saftiges Stück Apfelkuchen vor sich hat?

Diesen Gedanken hatte ich nur den Bruchteil einer Sekunde, ich konnte ihn noch gar nicht zu Ende denken, da freute ich mich schon: Ich verstehe dich. Also, ich kenne zwar genau deine Angst nicht, aber sie ist meiner sehr ähnlich, und ich weiß, dass man diese Angst haben kann. Und zwar verstehe ich das nur zu gut! Ich war und bin mit meinem offenen Umgang mit meinen Problemen eine Hilfe für Björn, gar ein Vorbild, was mich sehr ehrt. Nach vielen Gesprächen und dem gegenseitigen Widererkennen im jeweils anderen hat Björn nun beschlossen, sich helfen zu lassen, um seinen Aktionsradius zu erweitern und sich nicht sein Leben von Ängsten bestimmen zu lassen.

Eigentlich beeindruckend, in welch unterschiedlichen Facetten sich diese zeigen können. Es gibt wahrscheinlich nichts, vor dem man keine Angst haben kann. Leider kann man sich aber seine persönliche Angst nicht aussuchen. Sonst hätte ich gerne anstelle meiner Angst zum Beispiel Angst vor Kakadus mit Gipsbein, Angst davor, vor Menschen Kontrabass zu spielen, oder etwas ähnlich Seltenes.

Genau wie die Angst eines Kollegen, der mir mal erzählt hat, dass ihn immer eine fürchterliche Angst plagt, auf dem Weg zur Bühne zu stolpern. Jedes Mal ist es für ihn eine Riesenüberwindung, wenn es eine Treppe zur Bühne hinauf gibt, jemanden um eine helfende Hand zu bitten – dabei ist er keineswegs gebrechlich oder gehandicapt. Ich kenne diese Angst nicht, gottlob, aber ich weiß, dass es sie geben kann, und der Kollege tut mir von Herzen leid, und ich wünsche ihm, dass sie sich baldmöglichst vom Acker macht, damit es ihm wieder besser geht und er seiner Arbeit ungestört nachgehen kann.

Es ist toll, auf Menschen zu treffen, die mich verstehen. Die nicken, wenn ich sage, ich mag nicht mit anderen essen, und die sich mit mir dann zum Spaziergang verabreden statt zum Kaffeetrinken. Freundinnen und Freunde, die ich anrufen kann wenn es mir schlecht geht, und die ich vollweinen kann oder die mich ablenken. Die mich so nehmen, wie ich bin, und verstehen, dass ich eben manches manchmal nicht so gut kann. Leider gibt es davon noch nicht genug. Leider gibt es noch zu viele Menschen, die mit psychischen Krankheiten überhaupt nichts anfangen können.

Burn-out, klar, das »darf« man haben. Das hat man ja vom vielen Arbeiten. Es gehört schon fast zum guten Ton, mal einen Burn-out gehabt zu haben. Das sollte eigentlich jeder in seinem Lebenslauf stehen haben, um beim Einstellungsgespräch in der neuen Firma damit protzen zu können:

»Hier, ich hatte schon zwei Burn-outs!«

Aah, der wollte was bewegen, der hat alles gegeben für seine Firma, der hatte sogar einen Burn-out!

»Und keinen Herzinfarkt? – Lusche!«

»Äh, doch, einen sogar schon mit 40!«

»Res-pekt!«

Dass Burn-outs durchaus mit Depressionen und Ängsten daherkommen – wen interessiert das schon.

»Oh Mann, du Arme!« – was ist das für eine wunderbare Reaktion auf meine Ankündigung, dass mich ein Verlag zur Besprechung eines neuen Buchprojektes zum Essen eingeladen hat. Eigentlich ja eine tolle Sache, aber Björn weiß, wie der (Angst-) Hase läuft: »Sagst du ab? Magen-Darm?« Wir müssen beide lachen. Er versteht mich.

Ganz anders der Kollege, der mich anruft, weil er gehört hat, dass ich eine Bühnenpause mache. Wie schön, dass er sich erkundigen will, wie es mir geht! Ich erzähle von meinen Ängsten, und er sagt: »Du hast doch nur lustige Nummern, da brauchst du doch keine Angst zu haben!«

Dass »meine Angst« nichts mehr mit Lampenfieber zu tun hat, kann er nicht verstehen. Psychische Krankheiten scheinen ihm vollkommen fremd zu sein. Auf seine Frage, was ich denn dagegen unternehme, erzähle ich ihm von meiner Psychotherapie. Schweigen am anderen Ende der Telefonleitung.

»Hallo? Bist du noch da?«

Er flüstert: »Du gehst zum Therapeuten? Das würde ich aber nicht einfach so jedem erzählen. Wie um alles in der Welt kommst du überhaupt dazu?«

Es scheint ihm eher wahrscheinlich, dass eine Kollegin zur Tierpräparatorin umschult, als dass sie einen Psychologen aufsucht. »Na ja, wenn ich Zahnschmerzen habe, gehe ich ja auch zum Zahnarzt. Und wenn ich was an der Seele habe, gehe ich zum Psychologen.«

Ich ernte nur Verständnislosigkeit, und er beteuert mehrfach, dass er das niemandem weitererzählt und dass er es aber eigentlich gar nicht schlimm findet, mir aber doch rät, vielleicht ein abbes Bein vorzutäuschen, und wünscht mir alles Gute. Dann höre ich nie mehr von ihm und wundere mich, dass es immer noch Menschen gibt, für die ein Besuch beim Psychiater oder Psychotherapeuten ungewöhnlich und peinlich ist und die es geradezu begrüßen würden, hätte man sich stattdessen im Swingerclub Syphilis geholt.

Natürlich gibt es auch diejenigen, die zwar nicht nachvollziehen können, worunter ich genau leide, die mir aber signalisieren: »Ich unterstütze dich. Ich schenke dir eine Bananendose, weil du gerne immer eine Banane dabeihast.« Wie mein Freund. Oder diejenigen, die mich zwar nicht verstehen, aber immerhin akzeptieren, dass da was mit mir ist, was sie nicht verstehen, und vielleicht sogar Mitgefühl entwickeln.

Ich verlange von niemandem, dass er genau nachvollziehen kann, dass ich plötzlich – aus von außen nicht ersichtlichen Gründen – manches nicht mehr kann. Aber akzeptieren soll er es. Und lieber einmal mehr nachfragen, und zwar bei mir, was denn genau mit mir los ist. Keine Scheu haben, mich darauf anzusprechen, und gerne zugeben, dass er hilflos ist, statt so zu tun, als kenne er das genau. Ich erwarte von Freunden keinen konkreten Lösungsvorschlag, ich möchte eigentlich nur ernst und in den Arm genommen werden und freue mich, wenn man mir zuhört bei meinem Versuch, meine Situation zu erklären. Zum Glück wissen das auch die meisten meiner Freunde.

MOTHER'S LITTLE HELPER

Ich könnte doch auch einfach Tabletten gegen die Angst nehmen! Antiangsttabletten!

Gibt es. Es sind angstlösende Antidepressiva (AD).

Als ich mich bei einem Psychiater danach erkundige, erklärt er mir, dass es keine »eigenen« Angsttabletten gibt, sondern dass Angst unter dem Oberbegriff Depression läuft, und deshalb bekommt man eben angstlösende ADs. Wenn man möchte.

Ein Psychiater oder Neurologe, sogar ein Hausarzt kann sie einem verschreiben – ich würde damit aber immer zum Fachmann gehen, der hat die meiste Erfahrung. Ein Psychologe kann einem keine Tabletten verschreiben, und dafür sind die meisten Psychiater keine Therapeuten.

Zu meinem Psychiater, Doktor Haasen, kam ich über einen befreundeten Arzt; er ist nur ein paar Jahre älter als ich und ein sehr ruhiger, freundlicher Mann, der auch als Englischlehrer durchgehen könnte. Er hat so gar nichts von einem »Irrenarzt« – komisch.

Als ich im Kindesalter das erste Mal Panikattacken hatte, war meine Mutter mit mir auch einmal beim Psychiater. Mir war das sehr unangenehm, man ging da einfach nicht hin, und wenn doch, redete man nicht darüber, die Leute konnten ja denken, man wäre plemplem. In seinem Wartezimmer gab es Stühle aus Metall und Leder, mit denen man ein wenig wippen konnte. Um mich aufzuheitern, wippte meine Mutter, während wir warteten, auf ihrem Stuhl hin und her. »Mama, hör auf! Die halten uns noch für verrückt!«, zischte ich sie an.

Auch im Wartezimmer von Doktor Haasen sitzen ganz normale Leute und ich.

Ich finde es total gut, dass es Tablettchen gibt, die man nehmen kann, damit es einem besser geht. Antidepressiva haben mir ja schon einmal geholfen, aber auch damals kostete es mich sehr viel Überwindung, bis ich sie endlich genommen habe, und ob sie auch wirklich so viel zu meiner Genesung beigetragen haben – davon bin ich nicht mehr vollkommen überzeugt.

Schließlich habe ich als Angsthäsin, um es mir nicht ganz so leicht zu machen, selbstverständlich auch Angst vor Tabletten. Das ist ja wohl klar, schließlich muss ich vorher ganz genau wissen: Was machen diese Tabletten in meinem Kopf? Ein Grundmotiv meines Panikproblems ist die Angst vor Kontrollverlust. Was passiert, wenn ich mich nicht mehr unter Kontrolle habe? Verliere ich sie, wenn ich Gehirntabletten nehme?

Bei Kopfschmerztabletten ist mir das immer schon leidlich egal gewesen. Obschon die ja auch etwas mit meinem Kopf machen beziehungsweise in ihm. Aber das ist ja etwas völlig anderes. Bei Aspirin fürchte ich mich nicht davor, groß, grün und gefährlich zu werden und den Drang zu verspüren, alles in meiner Umgebung zu zerstören. Oder nur noch komplett stumpf und gefühllos vor mich hin zu stieren. Oder beim Anblick von, sagen wir mal, Kies, Pomelos oder einer Bibliothek in Tränen auszubrechen. Diese Ängste halte ich dagegen bei Gehirntabletten für absolut berechtigt. Man weiß ja nicht genau, wie die wirken.

Vielleicht erkennt mich auch mein Freund nicht wieder, wenn ich sie genommen habe, weil ich plötzlich ohne ihn U-Bahn fahren und an Volkshochschulkursen mit fremden Leuten teilnehmen oder, schlimmer noch, sogar mit ihnen essen und trinken kann! Unvorstellbar!

Moment, das wäre ja gar nicht so schlimm. Nein, eigentlich wäre das sogar herrlich!

Wenn ich mich also überwunden habe, nach der (reiflichen) Überlegung: »Soll ich oder soll ich nicht? Was ist, wenn ich sie nehme und ich merke, dass sie nichts bringen? Oder wenn ich sie nehme und ich verwandle mich in ein hässliches Nagetier? Kein süßes, sondern ein wirklich pottenhässliches, unsympathisches, abstoßendes Vieh? Wie lange dauert es dann, bis ich wieder ein chinchillaweiches Fell und ein samtiges Mäulchen habe?« Wenn ich also meinen Psychiater mehrmals aufgesucht, angerufen und Menschen, die auch schon mal ein AD genommen haben, intensiv befragt habe und die mir alle an Eides statt versichert haben, dass mir nichts geschieht, sondern ich nur profitieren kann von einem Gehirntablettchenversuch, komme ich also zu dem Punkt, dass mir das alles zu unheimlich ist, meine Ängste ja gar nicht sooo schlimm sind und ich überhaupt nicht auf den öffentlichen Personennahverkehr angewiesen bin, Essen mit anderen sowieso total überschätzt wird und es zu Hause am allerschönsten ist und man da auch keinen Besuch braucht, weil die ja eh nur zum Essen oder Trinken kommen.

Ich »überlege es mir« also nochmal.

Schließlich kann es ja auch ziemlich lange dauern, bis ich in den Genuss der Wirkung von ADs komme. Selbst wenn man sie wirklich regelmäßig nimmt, merkt man im Allgemeinen erst nach vier, fünf Wochen eine Wirkung, erklärt mir Doktor Haasen. Allerdings auch nur, wenn es das AD ist, das zu einem passt, natürlich. Manchmal muss man auch mehrere ausprobieren. Und das Tolle ist: Bis es irgendwann mal hilft, hat man nicht nur immer noch Ängste wie blöd, sondern auch noch ordentlich Nebenwirkungen! Also ich jedenfalls. Mit hundertprozentiger Sicherheit weiß ich, dass ich alles haben werde, was auf dem 120 Seiten starken Beipackzettel in Minischrift draufgedruckt ist. Ich habe mir extra ein Wochenende freigenommen und ihn sorgfältigst durchgearbeitet.

Erfrischend finde ich unter anderem, dass sich meine Symptome extrem verschlechtern können. Ansonsten ist von Haarausfall bis Locked-in-Syndrom und Karies alles dabei, was man schon als »normaler Mensch« seinem ärgsten Feind nicht wünscht. Mir ist garantiert übel, ich habe Herzrasen, ich stürze von einer Panik in die nächste, Schlafstörungen habe ich auch tagsüber, natürlich, ich zittere, und mir wachsen Autokennzeichen aus dem Bauchnabel. Ich übertreibe? Oh nein! Ich möchte hier nur nicht meine wahren Nebenwirkungen aufschreiben, weil sie zu verstörend wirken könnten.

Um mich zu beruhigen und mich restlos zu überzeugen, dass die Tabletten mir helfen können, frage ich Dr. Google. Das ist die beste Idee überhaupt, und ich weiß, ich bin damit nicht alleine, wenn ich sage: Die sachlichen, seriösen, ja fast zu nüchternen Forumsbeiträge eloquenter, gewissenhafter und kompetenter Internetnutzer haben mich schon manches Mal wieder auf den Boden der Tatsachen geholt.

Ich suche also nach meinem Präparat. Schon viele Menschen haben Xxxin ausprobiert, den einen, dem es etwas Positives gebracht hat, gibt es gewiss irgendwo auf diesem Erdenrund, allein, er möchte sich im Internet nicht darüber mitteilen. Ganz anders die Psychowracks, denen die Einnahme der genannten Tabletten den letzten Rest Menschenähnlichkeit geraubt hat und die »die ersten neun Tage der ersten Woche nur gekotzt« und »schon nach der ersten Tablette dreißig Kilo zugenommen« haben oder »mehr Angst als jemals zuvor« hatten. Die nämlich sind froh, dass sie ihre Erfahrungen mit Leidensgenossen teilen und designierten Usern Mut machen dürfen. »Absoluter Horror« sind die Tabletten, »Teufelszeug« und »machen sofort abhängig«.

Das ist gut zu wissen, schließlich interessiert die geneigte Antidepressivum-Esserin-to-be schon jetzt, ob sie jemals wieder von diesem Trip ins Ungewisse herunterkommen wird. Auch wenn Psychiater und Psychotherapeutin mir versichert haben, dass ich von den modernen Präparaten nicht abhängig werde, dass man sie eben nicht von heute auf morgen absetzen soll (was im Übrigen bei Schokolade auch zu schlimmen Entzugserscheinungen führen kann), glaube ich doch mehr der Schwarmintelligenz, wenn man bei Internetforen überhaupt von »Schwarm« sprechen kann.

»Gibt es im Himmel Internet?«, möchte ich fragen, wenn ich die Beiträge lese, die manche Forenbesucher beim Versuch, ihre Tabletten wegzulassen, offenbar noch kurz nach ihrem Ableben geschrieben zu haben scheinen. Schüttelfrost, Schielen und Hodenhochstand (vor allem bei Männern) sind dabei die noch am wenigsten drastischen Absetzsymptome. Paranoia und Stromschläge im Gehirn sowie Verformungen desselben werden häufig konstatiert.

Nachdem ich einige Tage vor dem Computer sitzend immer weiter recherchiert habe, bin ich mir ganz sicher: Ich weiß einfach nicht, ob ich die Tabletten nehmen soll. Aber als weitere sechs Wochen verstrichen sind und mir die Ausreden bei Esseneinladungen ausgegangen sind, bespreche ich schließlich mit Dr. Haasen doch, welche Tabletten für mich die richtigen sein können, und beschließe, das jetzt nicht als Niederlage zu sehen, sondern hoffe, dank der Medikamente bald wieder an öffentlichen Speisungen teilnehmen zu können und vor allem meinen Bewegungsradius zu erweitern.

Ich weiß, dass Tabletten keine Wunder bewirken können, aber sie können wie Krücken bei einem gebrochenen Bein helfen: Das Bein wird dadurch nicht heil, man kann aber besser laufen und schont seine Kräfte ein wenig. Also nehme ich meinen ganzen Mut zusammen und beginne, die Tabletten äußerst vorsichtig einzuschleichen. Das heißt, erst nehme ich drei Tage lang nur ein Viertel der am niedrigsten dosierten Tablette. Dann breche ich sie in zwei Teile, welche ich dann eine Woche lang nehme, um schließlich bei einer ganzen Tablette zu landen. Natürlich dauert es auf diese Weise sehr lange, bis ich eine Wirkung fetstelle, aber auf diese Weise habe ich auch kaum Nebenwirkungen. Manchmal ist mir ein bisschen schwindelig, und ich bilde mir ein, dass mir anfangs ein wenig übel ist – aber das lässt sich prima aushalten.

In Absprache mit meinem Psychiater, den ich, zusätzlich zu meiner Therapeutin, regelmäßig sehe, erhöhe ich dann die Dosis auf die »normal gebräuchliche«, und nach einigen Wochen merke ich, dass meine Anspannung etwas nachgelassen hat. Irgendwie kommt im Laufe der Zeit fast unmerklich wieder mehr Mut in mein Leben. Es scheint mir nicht mehr völlig abwegig, einfach den Bus zu nehmen und irgendwohin zu fahren. Ich bin noch nicht vollkommen entspannt dabei, aber ich traue es mir wieder zu, habe Lust, es zu wagen. Und beim zweiten Mal bin ich dann noch etwas entspannter, beim dritten Mal denke ich gar nicht mehr darüber nach.

Ich übe Busfahren. Erst suche ich mir eine Strecke aus, bei der ich weiß, mein Freund hält sich in der Innenstadt auf – falls etwas wäre, könnte ich zu ihm ins Büro. Wenn das klappt – auch ohne dass ich ihn kontaktiert habe –, versuche ich andere Strecken, weiter weg, und dann probiere ich, mit der U-Bahn zu fahren. Das erscheint mir als wesentlich furchterregender, als mit dem Bus zu fahren, denn in der U-Bahn ist man ja unter Tage. Es gibt genügend »normale« Menschen, denen U-Bahn fahren unheimlich ist.

Denn es liegt auch nicht in der menschlichen Natur, sich in Ich-weiß-nicht-wie-viel-Metern-Tiefe in ein Stahlross zu setzen und mit einer affenartigen Geschwindigkeit durch irgendwelche Stollen zu pesen, ohne Tageslicht, ohne Kontakt zu seinen Mitpesern. Kein Wunder, dass viele Bürger ängstlich waren, damals, auf der Strecke Nürnberg–Fürth, als die erste Eisenbahn in Deutschland fuhr. Sie gruselten sich vor dem qualmenden und schnaufenden Ungetüm, das sich in für damalige Verhältnisse atemberaubender Geschwindigkeit von zirka 30 Stundenkilometern fortbewegte. Ärzte warnten sogar vor Gehirnkrankheiten wie der sogenannten »geistigen Unruhe«, dem *delirium furiosum*. Und jetzt, gerade mal hundertachtzig Jahre später, soll man sich das Ganze noch viel schneller und unterirdisch antun? Wir Menschen sind schon komisch.

Mithilfe der Tabletten traue ich mich dennoch wieder in die U-Bahn. Ich werde insgesamt wagemutiger. Es ist nicht so, dass ich von heute auf morgen alles wieder kann, aber vieles erscheint überhaupt erst wieder möglich. Und ich habe den Mut, es zu probieren. Immer wieder mache ich mich auf den Weg in die Stadt, dann übe ich wieder allein mit dem Zug zu fahren. Ich reise ganz allein ins eine halbe Stunde entfernte Lüneburg, setze mich dort in ein Café und feiere meinen Fortschritt mit einem Stück Apfelstrudel und einer Tasse koffeinfreien Kaffee, die ich sogar halb austrinke.

Wie lecker schmeckt das erste Eis in Freiheit! Blaubeere von der *Eisliebe*. So, als wäre ich eine ganz normale Frau, die gerne Eis mag, bestelle ich mir eine Kugel in der Waffel und schlendere dann mit Frederik die Straße entlang. Ich kann es genießen! Und Frederik freut sich mit mir.

Meine Freundin Kim hatte ihre Familie schon lange instruiert, dass ich mit ihnen nicht essen kann, jetzt sitzen wir alle am großen Tisch bei ihnen zu Hause und schmausen Pfannkuchen mit, ja, tatsächlich, Salat! Kim strahlt mich an.

Seit Langem mal wieder Pizza bei Jim und Katharina! Und vor allem mit Jim und Katharina. Vor ein paar Wochen hat Jim, der Gute, mir noch unaufgefordert mein Stück ins Wohnzimmer gebracht, während alle anderen in der Küche zusammen aßen. Jetzt sitze ich mittendrin!

Unter dem Deckmantel des Übens gehen mein Freund und ich wieder öfter aus, und ich freue mich, dass ich nicht ständig kochen muss. Meine Bananen werden braun und unansehnlich, und ja, es geht mir besser!

Eine Verabredung zum Kaffee? Überhaupt kein Problem, ich nehme sogar – Achtung, jetzt kommt's! – mal einen mit Koffein! Ich bin erleichtert und glücklich und fühle mich stark genug, mich auf die Suche nach den Ursachen für meine Ängste zu machen. Und nicht nur das:

Diese Fortschritte geben mir Kraft und so viel Schwung, dass ich mich daranmache, auch weitere »Hindernisse« aus dem Weg zu räumen. Wenn ich mich gestresst fühle, total müde, in einer aufregenden Situation oder genervt bin, fällt es mir nach wie vor schwer, außer Haus zu essen, aber das würde es vielleicht auch einem gesunden Menschen.

Insgesamt aber scheine ich innerlich etwas gelassener zu sein.

Mein Ziel ist klar: Das will ich auch ohne Tabletten hinkriegen. Aber auf dem Weg dorthin dürfen sie mich ruhig noch unterstützen.

BÜHNENWELTEN

Aus dem Zuschauerraum Gemurmel, ab und zu Gelächter. Bei uns, hinter der Bühne, konzentrierte Spannung. Da schminkt sich noch jemand, hier wird ein Kollege vom Tontechniker schon einmal verkabelt. Natürlich ist es ein männlicher Kollege, die Rolle der einzigen Frau in der Show ist ja schon besetzt – mit mir.

Schade, denke ich, wie gerne würde ich mal wieder eine Kollegin treffen, Martina oder Vera, Ramona oder Lisa, Katie oder Lioba, Uta oder Anny, Barbara oder Andrea, Carolin oder Carmela, Sarah oder Dagmar, Gayle oder Krissie oder Katinka oder wie sie alle heißen, meine wunderbaren, witzigen Kolleginnen – aber bei deutschen Comedy- und Kabarettshows geht es ja leider zu wie in deutschen Führungsetagen.

Heute wäre mir sogar lieber, eine von ihnen wäre an meiner Stelle hier. Ich bin aufgeregt und weiß noch gar nicht, welches Set ich heute spiele.

Ganz hibbelig blicke ich auf die Uhr: Huch, kurz nach sieben, das geht doch nicht etwa um acht los? Ich bin noch gar nicht umgezogen, wo sind überhaupt meine Bühnenklamotten, geschminkt bin ich auch nicht, wie lange habe ich denn überhaupt auf der Bühne?

Thomas begrüßt mich strahlend und erklärt mir: »Du machst heute den Opener!«

Ich starre ihn entsetzt an. Aber er muss doch merken, dass ich darauf überhaupt nicht vorbereitet bin! Außer tausend Fragen habe ich nichts im Kopf!

»Wie lange spiele ich? Und wann fangen wir an?«

»Die Aufzeichnung beginnt um halb acht. Mit dir!« Und schon ist er wieder weg.

Ach du grüne Neune, na prima, da habe ich ja noch fünfundzwanzig Minuten für ALLES. Und ich weiß immer noch nicht, wie lange, geschweige denn, WAS ich heute spiele. Wo sind meine Einspieler? Kann ich alte Nummern spielen? Was denken dann die Kollegen? Denken die, ach, die spielt ja auch immer dasselbe?

Oder sollte mir das egal sein? Denn es ist wohl schon am besten, ich spiele ganz sichere Nummern, schließlich wird das hier und heute auch aufgezeichnet, das ist fürs Fernsehen.

Aber egal was – ich brauche unbedingt meine Sachen! Mein Bühnen-Outfit, meine Stiefel, meine Einspieler! Tausend Leute wuseln hier rum, aber wenn ich einen von ihnen ansprechen will, dreht er sich weg, redet mit jemand anderem oder flüstert in sein Headset.

Ich muss meine Garderobe finden! Während ich durch die Gänge renne, treppauf und treppab, überlege ich mir, was ich denn heute Abend spiele.

Immer schon habe ich die Kollegen bewundert, die sich kurz vor der Show noch neue Ideen auf einem Zettel notieren, meist sind es winzige Zettelchen, Rückseiten von Rewe-Kassenbons, auf denen ihr Kauf von einem Bier dokumentiert ist, vielleicht noch von einer Packung Kaugummi, auf jeden Fall sind sie winzig. Aber ein, zwei Stichworte reichen den Kollegen, damit sie »Heute mal was Neues« ausprobieren. Und Kameras sind ihnen egal, sie haben *cojones* und erzählen sich gegenseitig bis kurz vor ihrem Auftritt noch vom letzten Gig von Eddie Izzard, den sie im Internet geguckt haben, im Original natürlich, was für eine Frage, oder sie reden über die beste Szene in Billy Wilders *Eins, Zwei, Drei*, bevor sie entspannt auf die Bühne springen und vor einem Millionenpublikum »was Neues ausprobieren«.

Davon bin ich weit entfernt. Wo war denn, verdammt noch mal, meine Garderobe? Ganz entfernt erinnere ich mich an einen schmalen Gang, durch den ich eben musste, ah, da ist er, gerade will ich hineinschlüpfen, da hält mich ein ganz in Schwarz gekleideter Tätowierter mit Headset auf: »Psst, das Warm-up läuft schon, du kannst da jetzt nicht durch!«

Ohgottohgott, nur noch eine Viertelstunde! Durch die Kulissen höre ich: »Weiß denn jeder zu Hause, mit wem Sie hier sind? Wenn nicht, sollten Sie sich vielleicht noch umsetzen …« Gelächter im Publikum

Irgendwo muss doch diese Scheißgarderobe sein! Und meine Nummern … Anfangen mit dem Ungeheuer. Also: »Hallo, guten Abend, ich freue mich, hier zu sein! Ich habe gute Laune.«

Weiter: »Und gute Laune steckt ja an, dachte ich jedenfalls, aber ich habe mich eben in der S-Bahn …« – Gibt's hier überhaupt eine S-Bahn? In welcher Stadt bin ich eigentlich? Ich sage lieber Zug.

Also: »Ich habe mich eben im Zug neben einen Mann gesetzt und gesagt: »Was für ein herrlicher Tag heute!« Der hat mich angeguckt, als hätte ich gesagt: »Ich rrreicherrre Urrrran an, bei mir zu Haussse, im Kellerrrr, und weiß Gott nicht zur Energiegewinnung!«

Und dann, was kommt dann? Und wo ist endlich diese Garderobe? Ich kann doch unmöglich so auf die Bühne! In Jeans und ungeschminkt!

Der Aufnahmeleiter kommt mir entgegen. Gott sei Dank. Aber bevor ich ihn irgendetwas fragen kann, herrscht er mich an: »Warum bist du noch nicht verkabelt? Du musst hinter die Bühne!«, und ist wieder weg.

Ich kämpfe mit den Tränen, ich weiß, gleich muss ich raus, und habe keine Ahnung, was ich spielen soll, meine Nummern sind alle weg, alles außer dem Anfang, nichts ist mehr da. Ich krame in meinem Hirn, durchforste meinen Speicher, Wortfetzen dringen in mein Bewusstsein, Unterhose, Abendrot, Möwen, Sumo-Ringer, schnell, schnell, irgendwas. Der Aufnahmeleiter kommt wieder, mit ihm ein Tontechniker, ich werde verkabelt, kann meine Tränen nur mit Müh und Not zurückhalten, Thomas geht auf die Bühne:»… jetzt kommt eine Frau, bei ihr ist der Name Programm …«

Weiter will ich's gar nicht wissen, denn ich weiß, was jetzt kommt, da, ich höre meinen Namen. Ach du liebes bisschen, wie soll denn das gehen, ich kann doch jetzt da nicht raus, ich spüre die Hand des Aufnahmeleiters auf meiner Schulter, er will mich auf die Bühne schieben, Applaus, durch einen Spalt im Vorhang dringt grelles Scheinwerferlicht, Thomas kommt von der Bühne, nickt mir aufmunternd zu, oh weh, ich kann da nicht raus, ich kann das nicht, der Druck auf meiner Schulter wird immer stärker und …

Ich wache auf. Mein Herz rast. Benommen gucke ich mich um, und mir wird klar: Nur geträumt. Puh. Gerade noch mal gut gegangen. Obschon ich diese Situation so noch nie im echten Leben hatte, fühlte sich im Traum alles sehr realistisch an. Wie jedes Mal, wenn ich so oder ähnlich träume: Mal habe ich keinen Text, mal sitze ich im Publikum und werde spontan auf die Bühne gerufen und soll vollkommen unvorbereitet mitmachen, mal muss alles sehr schnell gehen, mal stehe ich schon auf der Bühne und weiß nicht, was ich sagen soll, und gucke minutenlang in fragende Gesichter. Eines ist den Träumen gemeinsam: Sie sind schrecklich und kaum auszuhalten. Wie herrlich, dass es »nur« Träume sind! Von meinen Kollegen weiß ich, dass ich damit nicht allein bin. Jeder, der mal auf den Brettern, die die Welt bedeuten, stand, kennt diese Trugbilder so oder ähnlich.

Je länger ich nicht mehr auf der Bühne bin, umso seltener werden diese Träume. Und wenn ich doch mal wieder einen habe, freue ich mich am Morgen, dass ich meinen Koffer nicht packen muss. Dass ich nirgendwohin fahren und lustig sein muss. Keine unruhigen Nächte in fremden Betten – außer im Urlaub. Ich kann reisen, wann ich will. Spontan oder geplant. Herrlich!

Kein Applaus mehr, keine schöne Besprechung in der Zeitung, keine bewundernden Menschen, die mir »Ich könnte das nicht!« oder »Wie können Sie sich nur so viel Text merken?« rückmelden – schade. Schließlich tut mir das auch gut, mich »wichtig« zu fühlen. Einen »besonderen« Beruf zu haben.

Keine »Klassentreffen« mit netten Kollegen und, selten, Kolleginnen, Spaß vor und hinter der Bühne, lange Gespräche, Erfahrungsaustausch und das Bewusstsein, Teil einer großen Kleinkunstfamilie zu sein – das fehlt mir.

Diese überraschende Freude, wenn ein Gag oder gar eine ganze Nummer, die ich mir ausgedacht habe, zündet. Wenn das Publikum sie ähnlich lustig findet wie ich. Überhaupt, dass Menschen Eintritt bezahlen für ein Programm, das ich mir ausgedacht habe – was für ein Geschenk! Was für ein erhebendes, fantastisches Gefühl! Durch den Abend surfen, getragen von der Begeisterung meines Publikums – Wahnsinn! Unbeschreiblich schön ist das! Zu wissen, dass man Menschen Freude macht, sie zum Lachen bringt. Vielleicht erzählen sie sich auf dem Heimweg gegenseitig, was ihnen am besten gefallen hat an dem Abend, wie wunderbar! Das alles habe ich in der Form natürlich nicht mehr. Und jetzt, wo ich das so aufschreibe, gibt es mir einen Stich ins Herz.

Aber wenn mir das alles zu sehr fehlt, kann ich meine Kollegen ja auch besuchen.

Dann gehe ich ins *Polittbüro* oder in den *Quatsch Comedy Club*, ins *Schmidttheater* oder in *Alma Hoppes Lustspielhaus*, bewundere die Kolleginnen und Kollegen, lache und freue mich über ihre Ideen und bin froh, dass ich selbst nicht mehr da oben stehen muss. Dass ich in meinem Bett schlafen kann und keine Bahn-Card mehr brauche. Dass ich nur dann aufbreche, wenn ich es will. Und nicht, wenn mein Tourplan es verlangt. Und fühle mich immer noch zugehörig zu dieser tollen Gemeinschaft, die sich etwas Großartiges auf die Fahnen geschrieben hat: Wir wollen Menschen zum Lachen bringen. Wir möchten sie für zwei Stunden am Abend all ihren Kummer und ihre Sorgen vergessen lassen, wir möchten unterhalten und vielleicht auch durch einen anderen als den gewohnten Blickwinkel andere Gedanken anregen. Auch wenn das pathetisch klingt, ist es einfach ein sehr, sehr wundervoller Beruf.

Den ich gern gemacht habe, ohne den es mir aber besser geht. Ohne meine Ängste hätte ich nie gemerkt, dass ich das alles gar nicht mehr möchte. Dass zwanzig Jahre genug sind. Für mich. Ich mache es mir gerne zu Hause schön, treffe Freunde, fahre Rad und bepflanze meinen Balkon. Vielleicht mache ich sogar wieder Aprikosenmarmelade. Eigentlich will ich nämlich meine Ruhe. Ich mag gar nicht so gern im Rampenlicht stehen. Nicht mehr. So.

Wenn sich das aber doch je wieder ändern sollte, dann gucke ich, ob mich noch jemand sehen möchte. Auf der Bühne. In den Theatern dieses Landes.

Erst einmal hatte ich in der Klinik einen Auftrittstraum. Aber davon habe ich in der Gruppe noch nichts erzählt.

Was so eine Gruppentherapie alles bewirken kann! Denn da sitzt ja nicht nur ein Therapeut, da sitzen gleich ganz viele, freut sich der gemeine Gruppentherapiebefürworter. Alle kennen meine Probleme, weil sie die auch haben! Oder jedenfalls ganz ähnliche. Meistens.

Ich freue mich auf die Gruppentherapie, in der Mitpatienten mit den unterschiedlichsten Problemen sitzen, bin gespannt auf nigelnagelneue Erkenntnisse und bin natürlich auch aufgeregt. Ich wäre schließlich nicht ich, wäre ich es nicht. Es ist ein nasskalter, trüber Novembertag, und ich komme gerade vom Fango. Warum man mir Fango verordnet hat, weiß ich nicht, aber nachdem ich das ruhige Liegen unter einer halben Tonne Lehm erst als unangenehm und wie eine Vorschau auf die Situation nach meinem Ableben empfunden habe, kann ich inzwischen die Wärme und die Stille genießen. Schade ist nur, dass ich danach kaum zehn Minuten Zeit habe, um ins andere Gebäude zu hetzen, mich fertig zu machen und im Gruppenraum Platz zu nehmen. Unverzüglich ist jetzt nämlich eine etwaige Entspannung schon wieder perdu.

Unsere Therapeutin, Frau Schröder, sieht sehr jung aus. Richtig jung. Und das liegt nicht nur daran, dass ich jetzt älter bin. Irgendwann schwenkte das um, und ich muss mich immer noch daran gewöhnen, dass Ärzte, Versicherungsvertreter und französische Präsidenten jünger sind als ich. Eigentlich müssten die doch alle einen grauen Rauschebart haben, außer, sie sind weiblich. Wie unsere Meisentherapeutin, die hat noch Eierschale hinter den Ohren.

Aber sie ist sympathisch. Sie kommt aus dem Schwabenland, das macht sie mir auf Anhieb angenehm. Nach einer kurzen Vorstellungsrunde geht es los. Frau Schröder hat erzählt, dass sie gar nicht groß ein Thema vorschlagen möchte, sondern wartet, was von uns kommt.

Leider kann sie in den nächsten Wochen lange warten. Denn da kommt die meiste Zeit: nichts. Die meisten anderen (Frauen, natürlich) schweigen. Sie scheinen hier lediglich ihre Zeit abzusitzen, sie starren auf die Uhr an der Wand und hoffen, dass es endlich vorbei ist. Das kenne ich nur von meiner Zeit im Matheunterricht. Aber da schrieb ich wenigstens interessante Briefchen mit meinen Klassenkameraden oder spielte »Stadt, Land, Organ« mit meinem Nebensitzer.

Falls hier jemand redet außer mir, beschwert sich höchstens mal eine der anderen Frauen, dass ihr Plan so voll ist und sie nur damit beschäftigt ist, vom Leibwickel zur Ergotherapie zum Tai Chi und von dort zur Massage und von da zur Rückengymnastik zu rennen und ihr das zu viel ist und Frau Schröder doch bitte etwas machen soll. Eine andere ärgert sich über ihren Chef. Andere haben zu viel Arbeit. Um diese drei Themen dreht sich – wenn sich überhaupt etwas dreht – die Gruppentherapie. Oft sitzen wir auch einfach schweigend da.

Ich merke, wie ich fast platze. Da bin ich in einer Psychosomatischen Klinik und möchte doch etwas herausfinden, möchte mich weiterentwickeln und anderen dabei helfen, sich weiterzuentwickeln. Also rede ich. Und erzähle. Teile mich mit. Oh Wunder, eine zweite, Carine, steigt mit ein. Wir beide unterhalten uns. Und wahrscheinlich die anderen. Die bleiben stumm. Und auch die Beiträge von Frau Schröder gehen nicht über ein: »Wie geht es Ihnen damit?« oder »Wie haben Sie sich dabei gefühlt?« hinaus. Nach den Terminen beschweren Carine und ich uns beieinander, dass so wenig passiert in der Therapie. Dass wir uns mehr erhofft haben. Wir kommen uns vor wie ein Alleinunterhalter-Duo. Oder sind wir dann keine Alleinunterhalter mehr? Wie ein Unterhaltungsduo vielleicht. Dick und Doof.

Wenn wir nichts sagen, ist es leise. Würde es kein Geräusch machen, wenn Frau Schröders Pagenkopf an ihrer Bluse entlangschrammt, während sie alle fünf Minuten mal langsam den Kopf fragend in die Runde dreht, wäre es totenstill. Ich halte das fast nicht aus, frage mich, was mit meinen Mitinsassinnen los ist. Schon vor den Sitzungen überlege ich, welche Probleme ich heute aufs Tapet bringen kann, damit wir nicht die ganze Zeit schweigend beisammensitzen. Ich frage mich, ob das zum großen Plan der Gruppentherapie gehört, einfach nichts zu sagen, bis eine der Probandinnenen / Klientinnen / Patientinnen explodiert? Vielleicht möchte man auf diese Weise herausbekommen, wie empathiefähig die anderen sind, wer von ihnen die Reste der Explodierten zusammenkehrt und bei der Verwandtschaft Bescheid sagt?

Oder fühlen die sich so unwohl mit uns anderen, dass sie partout nichts sagen wollen? Ob man sie vielleicht ermuntern müsste? Dann wäre das ja die Aufgabe von Frau Schröder. Aber auch sie schweigt. Es ist mir schier unerträglich. Liegt das an mir? Habe ich da ein Defizit, dass ich das kaum aushalte? Warum macht Frau Schröder nichts? Ist das wirklich geplant? Warum haben wir dreimal die Woche Gruppenschweigen, jeweils eine Stunde, und nur eine halbe Stunde pro Woche Einzelgespräch mit der Therapeutin?

Eines Tages fängt plötzlich eine quirlige, große Frau mit schlanker Statur und Meckifrisur, Sara, an zu sprechen. Ich merke, dass Carine genervt davon ist. Sara plappert wie ein kleines Kind von irgendwelchen Interna aus ihrer Firma, mit denen der Rest der Gruppe nichts anfangen kann, es geht um Dienstpläne und ihr Engagement bei der Arbeit, so viel versteht man, aber was sie genau sagen möchte, bleibt verborgen. Carine fragt behutsam nach. Sara plappert weiter belangloses Zeug, geht nicht darauf ein. Schließlich beschwert sie sich, dass sie ja wohl die Einzige ist, die sich hier in der Gruppe mitteilt, genau wie in ihrer Firma – sie plappert weiter. Frau Schröder sagt nichts. Ich merke, wie Carine sich zunehmend unwohler fühlt. Mir geht es ähnlich. Ist das jetzt die Gruppendynamik, die hier entstehen soll? Alle anderen schweigen, obschon es für mich eindeutig ist, dass Saras Wortschwall niemandem, einschließlich ihr selbst, etwas bringt. Ich spüre so deutlich Carines zunehmende Wut, sie breitet sich im ganzen Raum aus und drückt mich förmlich gegen die Wand. Die Luft im Raum ist zu dick zum Atmen, weil angefüllt von negativer Energie, die immer mehr ansteigt.

Ich kann meine Tränen nicht mehr zurückhalten und fange an, herzzerreißend zu heulen. Frau Schröder guckt so überrascht, als hätte ich ihr spontan einen Heiratsantrag gemacht.

»Ich kann diese Spannung zwischen Sara und Carine nicht ertragen!«, lasse ich die anderen tränentriefend wissen und verlasse schluchzend den Raum.

Abgemacht ist, dass man sich, wenn man eine »Anwendung« abbricht, im Schwesternzimmer meldet, bevor man auf sein Zimmer geht. Wenn die reguläre Anwendungszeit, in dem Fall die Stunde Gruppentherapie, vorbei ist, hat man sich noch mal beim Therapeuten zu melden.

Ich heule also schnell noch die Schwestern voll, die freundlich sind, obschon sie nichts von dem verstehen, was ich an sie hintriefe, aber mir ein Taschentuch reichen und darauf hinweisen, dass »alles wieder gut werde«, wenn ich nur mit meiner Therapeutin darüber spreche.

Wenig beruhigt fahre ich mit der Flennerei in meinem Bett auf meinem Zimmer fort. Ich fühle mich so fehl am Platz in dieser Klinik wie der Papst auf einer Erotikmesse. Ich verstehe die anderen einfach überhaupt nicht, verstehe nicht den stoischen Absitzmodus meiner Gruppe und auch nicht, warum Frau Schröder nichts dagegen unternimmt.

Als ich mich später ausgeweint habe und mich roten Auges bei Frau Schröder in ihrem Büro melde, sieht sie mich besorgt an: »Warum mussten Sie denn so weinen eben? Was war das denn für ein Ausbruch?«

Ich nehme ihr letztes Wort zum Anlass, gleich wieder auszubrechen, es platzt aus mir heraus: »Ach, ich fühle mich hier so fehl am Platz. Ich will doch weiterkommen, ich will doch erfahren, warum ich diese Ängste immer noch habe, und ich dachte, den anderen geht es genauso! Ich dachte, die wollen auch an sich arbeiten! Aber die sitzen nur rum, oder meckern über ihren vollen Behandlungsplan oder erzählen irgendwelche Firmeninterna, mit denen wir anderen nichts anfangen können. Mir bringt das alles nichts, ich möchte nach Hause!«

Man muss sich nicht einmal die Schuhe alleine zubinden können, um zu wissen, dass es falsch ist, das zu fragen, was sie jetzt fragt, geschweige denn ein abgeschlossenes Psychologiestudium in der Tasche haben:

»Haben Sie vor, sich etwas anzutun?«

Obschon mir schwant, dass das jetzt nicht die ganze hohe Kunst der Psychotherapie sein kann, erschrecke ich. Schließlich bin ich Angstpatientin! Sieht Frau Schröder da etwas, was ich nicht erkenne? Habe ich vielleicht suizidale Tendenzen, von denen ich keine Ahnung habe? Bis eben war ich im Großen und Ganzen ja noch ziemlich vergnügt unterwegs, trotz meiner Ängste, ich konnte nur diese Gruppenschweig-Stress-Situation schlecht ertragen, plötzlich sehe ich mich kurz vor der Geschlossenen. Ich gucke Frau Schröder angemessen entgeistert an: »Warum fragen Sie mich das? Nein, natürlich nicht! Ich will nur diese Scheißängste loswerden und mich endlich wieder wie ein normaler Mensch durchs Leben bewegen, Freunde treffen, U-Bahn fahren, mittagessen mit anderen. Aber ich scheine die Einzige auf weiter Flur zu sein, die das möchte!«

»Ich möchte Sie bitten, nicht nach Hause zu fahren, bevor die fünf Wochen vorbei sind. Brechen Sie den Klinikaufenthalt nicht ab.«

»Okay«, sage ich und denke mir: »Hä? Eigentlich ja gar keine schlechte Idee, wäre ich jetzt alleine nicht drauf gekommen … Das ist doch alles pillepalle.«

Natürlich ist Frau Schröder sehr jung und hat vermutlich noch nicht so viel Erfahrung. Und auch diese Therapeuten in spe müssen ja Erfahrungen sammeln. Wie schön, dass ich ihr ihren vermutlich ersten Patientinnen-Tränenausbruch bescheren durfte! Und wie schade, dass sie damit so schlecht umgehen konnte. Wahrscheinlich hatte sie, bevor ich ins Büro kam, schnell in *Psychotherapie für Dummies* unter T wie Tränen nachgeschaut, und da stand: »Auf jeden Fall erst einmal Suizid ausschließen.«

Trotz dieses wenig ermunternden Vorfalles bin ich mir sicher, dass ich die fünf Wochen hier durchziehen möchte. Und werde. Schließlich will ich noch zum Bogenschießen!

Es gibt noch eine weitere Gruppe, in der es nur um Angst geht. Hier fühle ich mich wohler, alle reden, der Therapeut, ein freundlicher Herr mit interessanter Frisur, moderiert das Gespräch, und es ist wunderbar, Gemeinsamkeiten zu entdecken. Ilka, eine schlanke, gut aussehende junge Oma, hat einen angestrengten Gesichtsausdruck, als sie von ihren Problemen erzählt: »Ich gehe niemals ohne eine Flasche Wasser und Hustenbonbons aus dem Haus«, erzählt sie, und zwei andere, eine davon bin ich, nicken zustimmend. Natürlich, nie ohne Wasser und Fisherman's! Wir sind doch nicht lebensmüde.

Die beiden Utensilien geben uns Sicherheit, falls wir einen trockenen Mund bekommen oder uns verschlucken oder ein Kratzen im Hals haben, weil wir sonst Gefahr laufen durchzudrehen. Es ist so wohltuend, darüber ganz normal sprechen zu können, weil alle das so oder ähnlich kennen!

Eine Mitinsassin erzählt, dass sie, wenn sie Urlaub bucht, sich erst einmal erkundigt, wo das nächste Krankenhaus ist, wie sie dorthin kommt, welcher Arzt Notdienst hat in der Zeit, in der sie da ist, und so abwägt, ob sie das Risiko des Urlaubs auf sich nehmen kann oder nicht. Ich schmunzle, verstehe sie natürlich gut und überlege, ob ich da bislang wohl etwas zu leichtfertig an meine Urlaubsorte gereist bin. Wie wunderbar! Ich genieße es ja zeitweise auch sehr, dass unsere Wohnung nicht allzu weit vom Uniklinikum entfernt ist und halte auf Inseln schon mal Ausschau nach Hubschrauberlandeplätzen. Für den Notfall. Schließlich haben wir Angsthäsinnen oft Sorge, dass wir mal so derart panicken, dass uns nur noch eine Valiumspritze oder ähnliche fachmännische Behandlung wieder zu uns finden lässt.

Natürlich muss dergleichen nie passiert sein – dass wir es uns vorstellen können, reicht. In dieser Gruppe merke ich, dass es mir eigentlich ziemlich gut geht oder dass es anderen noch schlechter geht, wie der Frau, die immer wieder in die Notaufnahme fährt, weil sie bei Panikattacken jedes Mal das Gefühl hat, dieses Mal geht es wirklich zu Ende. Das kann ich zwar sehr gut nachvollziehen, war aber Gott sei Dank bislang noch nicht in der Situation. Diese Angstgruppe trifft sich leider nicht so häufig wie die andere, schade, denn hier fühle ich mich fast normal, weil die anderen genauso meschugge sind wie ich. Herrlich!

Bogenschießen. Darauf bin ich neugierig. Als Vegetarierin weniger wegen der Aussicht darauf, mir bald mein Mittagessen selbst zu jagen, sondern weil ich schon allerlei Wundersames davon gehört habe. Es mache Spaß, es sei ganz besonders und die Plätze begrenzt – schon wegen dieser Aussagen freue ich mich auf meine erste Stunde Bogenschießen.

Selbstverständlich etwas aufgeregt, betrete ich mit etwa zehn anderen Mitinsassen die Turnhalle. Die Bezeichnung »Turnhalle«, genau wie »Turnlehrer«, ist zu meinem Missvergnügen ja Titulierungen wie »Sporthalle«, »Trainingsraum«, »Loft« und »Trainer«, »Coach« oder »Workout-Assistant« zum Opfer gefallen. Und dabei habe ich mir einen Begriff sogar selbst ausgedacht! Hier im Osten ist es also schön gediegen die »Turnhalle«. Und sie riecht auch so, vertraut, nach dem Gummi der Matten und des Bodens und vielleicht ein wenig nach altem Schweiß. Flugs werden wir von einer freundlichen Frau im flotten Trainingsanzug (»Fitnessdress«) angewiesen, Zielscheiben und Bögen inklusive Ständer aus dem Geräteraum (»Utility-Center«) zu holen, sowie die Köcher. Jeder bekommt, je nach Erfahrungsgrad und Leibesgröße, einen Bogen zugeteilt, beziehungsweise teilen sich zwei Leute einen Bogen.

Wieso eigentlich Bogenschießen in einer Psychoklinik? Einfach, damit man mal ein anderes Hobby kennenlernt? Oder steckt eine tiefere Bedeutung dahinter? Es hat irgendwas mit »loslassen« zu tun, erklärt mir eine Mitinsassin bedeutungsschwanger. Klar, wenn man den Pfeil nicht loslässt, muss man schon mit ihm in der Hand zum Ziel rennen, denke ich tumb und bin sehr gespannt ob der mystischen Dinge, die da auf mich zukommen.

Von Zeit zu Zeit kann ich mit diesen Metaphern ganz wunderbar etwas anfangen – manchmal allerdings bin ich mir nicht sicher, ob nicht zu viel interpretiert wird. Habe ich Bauchweh, weil »mir etwas auf den Magen schlägt« oder vielleicht doch nur, weil *ein* Magnum Mandel genügt hätte? Ist Bogenschießen nicht einfach ein Sport wie viele andere auch? Beim Hammerwerfen lasse ich ja auch los, oder beim Kegeln, trotzdem wird weder das eine noch das andere hier in der Klinik angeboten. Ich werde es herausfinden.

Wir helfen uns gegenseitig, die Armschoner aus Leder anzulegen und harren der Dinge, die da kommen mögen. Wozu Armschoner, denke ich, Robin Hood hatte so etwas doch auch nicht. Oder? Man merkt, ich steige gedanklich schon gleich in der Bundesliga ein. Warum auch nicht, schließlich hatte ich als Kind und Winnetou-Fan natürlich auch den ein oder anderen Bogen aus einem gebogenen Weidenzweig mit einer Schnur daran gespannt, also werde ich das Gerät wohl heute, erwachsen und erfahren, wie ich bin, erst recht bedienen können.

Doch bevor es mit den Geräten losgeht, werden wir erst einmal auf dem Trockenen eingewiesen. Es ist gut, dass nur dann geschossen werden darf, wenn niemand sich mehr vor, neben oder hinter den Schießscheiben befindet. Das leuchtet mir ein und begrüße ich.

Erstaunt bin ich ob der Größe des Bogens. Er hat eine überaus ansehnliche Spannweite und ist für diese Verhältnisse recht leicht, wenn auch sperrig. Aber noch ruht der Bogen auf seinem Stativ. Erst wenn der entsprechende Befehl von der Lehrerin gegeben wird, darf man den Bogen aufnehmen.

Interessant, worauf man alles achten muss! Wie stehen meine Füße, die Beine, wo befinden sich Hüfte und Oberkörper? Ist der Arm, der den Bogen hält, komplett durchgedrückt und leicht nach außen gedreht? Die Schulter ist nicht hochgezogen? Welche Stellung hat der »Zugarm«? Wie positioniere ich den Pfeil, wohin mit der Bogensehne?

Es gibt sehr viel, auf das ich achten muss, und schnell hat das hier nichts mehr mit dem Pfeil-und-Bogen-Spiel aus meiner Kindheit zu tun. Auf Kommando nehme ich meinen Bogen und einen Pfeil. Der erste Versuch, ihn einzuspannen, scheitert. Auch beim nächsten Mal fällt der Pfeil herunter, bevor ich ihn einspannen konnte. Wie kann nur etwas scheinbar so Leichtes so kompliziert sein?

Endlich schaffe ich es, einen Pfeil locker in die Sehne zu spannen. Ich stehe aufrecht, mein Körper ist gespannt, der Kopf blickt geradeaus auf die Zielscheibe. Schon dieses Geradestehen mit dem Bogen in der einen, dem Pfeil in der anderen Hand, hoch konzentriert und aufgeregt wie ein Hund, der darauf wartet, dass das Frauchen endlich das Stöckchen wirft, gibt mir ein stolzes, gutes Gefühl. Wichtig ist nun nicht, unbedingt treffen zu wollen, dennoch visiere ich den roten Mittelpunkt meiner Zielscheibe an, verkrampfe ein wenig, und auf das Kommando unserer Lehrerin lasse ich die Sehne los. Der Pfeil landet sonst wo, nur nicht auf der Zielscheibe. Schade. Aber es war dennoch ein irgendwie erhabenes Gefühl. So verschieße ich noch zwei, drei Pfeile. Neidvoll drehe ich mich immer wieder zu den anderen, die teilweise nicht nur die Scheibe treffen, sondern sogar einen der mittleren Ringe oder gar den Mittelpunkt.

Zwei anderen geht es wie mir. Uns rät die Lehrerin, uns nicht auf das Ziel zu konzentrieren. Es gehe nicht darum, möglichst in die Mitte zu treffen.

Beim nächsten Mal vergewissere ich mich, dass alles stimmt: Körperhaltung, Schrittstellung, meine Hände, die den Bogen und die Sehne halten, der Pfeil, der locker zwischen meinen Fingern ruht. Ich spüre mich wie selten zuvor, plötzlich weiß ich, was »bei mir sein« bedeutet. Ich bin vollkommen eins mit mir, mein Körper ist konzentriert angespannt, eine Anspannung, die nichts mit Angst, sondern nur mit äußerster Wachheit und Klarheit zu tun hat. Mir ist vollkommen egal, wohin der Pfeil gleich fliegen wird, aber dennoch weiß ich, alles, was ich tue, ist genau richtig so, wie ich es tue. Auf Kommando lasse ich die perfekt gespannte Sehne los, der Pfeil beschreibt einen leichten Bogen und saust – mitten ins Ziel. Loslassen. Das ist kein esoterischer Humbug, genau das ist es, was man beim Bogenschießen macht. Aber es ist noch mehr: Ich werde mir selbst bewusst. Wenn ich mit mir ganz im Reinen und im Einklang bin, brauche ich nicht zu zielen, sondern ich treffe einfach. Puh, das ist eine tolle Erfahrung, die mich aber auch zutiefst verstört. Dieses Gefühl hatte ich so vielleicht manchmal auf der Bühne, aber da hatte es mehr mit Zuspruch von außen zu tun. Diesmal kommt die Stärke von innen, aus mir, und das tut unfassbar gut. Die Gefühle übermannen mich so sehr, dass ich weinen muss. Selten habe ich mich so eins mit mir gefühlt.

Mich hat dieses Erlebnis nachhaltig erschüttert, obschon ich nicht einmal ein niedliches Kaninchen erlegt habe. Was ich auch nie machen würde. Außer, ich wäre am Verhungern und es wäre ein altersschwaches, suizidales Kaninchen. Aber wer weiß, ob ich dann überhaupt treffen würde.

Nach dieser besonderen, wohltuenden Erfahrung frage ich mich nur: Wie konnten Winnetou und seine Brüder und Schwestern nur einen Schurken nach dem anderen mit dem Bogen umnieten? Vom Pferd aus? Also, von einem beweglichen Ausgangspunkt auf ein bewegliches Ziel? Respekt. Ich werde zu Hause weiterüben.

Auch nach der Zeit in der Klinik bleibt dieser Wunsch bestehen. Leider ist es nicht so leicht, einen Anbieter für therapeutisches Bogenschießen zu finden. Aber ich bleibe dran. Das ist aber nicht das Einzige, was ich aus der Klinik mitnehme: Ich kann fünf Wochen von zu Hause weg sein ohne eine vertraute Person, die mich begleitet. Das ist für mich eine sehr positive Erfahrung, die ich nicht missen möchte. Ich finde nette Leute unter Fremden und komme zurecht. Und es geht mir eigentlich doch ganz gut.

Sosehr ich mich anfangs gegen die Klinik gesträubt habe, so froh bin ich jetzt, dass es sie gibt. Einen Platz, an dem meine Verrücktheit normal ist. An dem ich mich mit Menschen mit ähnlichen Problemen austauschen konnte, wo ich meinen Alltag hinter mir lassen und neue Erfahrungen machen konnte. Gefreut hat mich außerdem, dass ich mit meinem Beruf für niemanden meiner Mitinsassen etwas Besonderes war. Es gab keinen, der von mir erwartete, dass ich extrem witzig oder originell war. Es tat mir gut, nicht wie sonst häufig, wenn ich neue Leute kennenlerne, in erster Linie über meinen Beruf definiert zu werden. Wir waren alle gleich, und unsere kranken Seelen verbanden uns. Und ich hatte, wenn ich manche Geschichte meiner Leidensgenossinnen hörte, das Gefühl, dass es bei mir doch eigentlich ganz gut läuft.

GAR NIX MUSS ICH!

Wenn ich von meiner Angst etwas gelernt habe (und immer noch lerne), dann ist es, mehr auf meine Bedürfnisse zu achten. Dazu gehört natürlich, diese erst einmal zu erkennen. Manchmal wundere ich mich: Wieso geht es mir denn gerade so komisch? Ich fühle mich unwohl, ich kann mich gar nicht entspannen, was ist denn los? Dann merke ich: Eigentlich will ich gar nicht auf diesem Punkkonzert sein. Das Gegenteil eines Punkkonzerts wäre mir gerade angenehm: auf der Couch sitzen und Rosamunde Pilcher gucken. Im übertragenen Sinn. Schon allein das zu merken ist für mich oft nicht einfach. Bin ich auf diesem Punkkonzert, weil ich es wirklich möchte oder weil ich jemand anderen – meinen Freund – damit glücklich machen möchte? Dabei bin ich mir gar nicht sicher, ob es ihm nicht viel besser gefallen würde, niemanden dabeizuhaben, der mitkriegt, wie viel Liter Bier er trinkt, und der rumquengelt, weil er früher nach Hause möchte, weil es ihm – oder ihr – nicht sooo super gefällt (ich liebe George Michael, Gott hab ihn selig), und von der er wiederum denkt, er müsse auf sie Rücksicht nehmen. Das ist ja auch blöd für meinen Freund.

Schön wäre für mich bei der Bedürfniserkennung, dass ich nicht immer wieder gezwungen bin, in mich hineinzuhorchen, ob ich etwas will oder nicht: »Oh, die Gastgeberin hat mich gefragt, ob ich noch Salat möchte. Will ich jetzt wirklich Salat, oder nehme ich den nur, weil ich denke, dass sie es von mir erwartet, weil sie sonst, wenn ich keinen mehr nehme, denkt, dass er mir nicht schmeckt?« Ja, meine Damen und Herren, das kann mir gut und gerne im Bruchteil einer Sekunde durchs Hirn schießen. Und wenn es das tut, macht es mich kirre, und kirre bin ich ja schon.

Ich möchte gern stets »bei mir sein«, sodass ich von alleine in der Situation merke, was ich eigentlich möchte. Keinen Salat, in diesem Fall.

Zu oft eiere ich mit meinen Gefühlen herum wie eine betrunkene Ameise auf dem Weg zu ihrem Bau.

Ich war zum Beispiel einmal zum Grillen eingeladen, an einem normalen Werktag um fünf Uhr nachmittags. Grillen finde ich toll, die Leute, die eingeladen haben, mag ich auch, und es war einigermaßen schönes Wetter. Aber ich hatte wenige Tage später einen Abgabetermin für ein Buch und hatte mir, bevor die Einladung kam, vorgenommen, den ganzen Tag zu schreiben – so wie andere vermutlich um fünf auch noch nicht aus dem Büro gekommen wären. Trotzdem sagte ich zu. Ich sehe die Leute nur selten und bin gerne dort, freute mich auf Abwechslung und aus meiner Schreibstube herauszukommen.

Es ist ein simples Beispiel für etwas, was mir immer wieder passiert: Vor Ort konnte ich das gesellige Beisammensein nicht genießen, fühlte mich unwohl und war angespannt, weil ich die ganze Zeit daran dachte, was ich eigentlich an dem Tag hätte schaffen wollen. Was für andere gewöhnlichen Alltagsstress bedeutet, macht mir oft unschöne Gefühle, und ich komme nicht sofort darauf, warum ich sie habe.

Immerhin bin ich dieses Mal aber im Gegensatz zu früher wenigstens nach ein paar Stunden gegangen, nicht bis zum Ende geblieben.

Um früher zu gehen oder eine Einladung gar nicht erst anzunehmen, bedarf es nicht einmal eines anderen Termins oder einer anderen Aufgabe, die es zu erfüllen gilt – das weiß ich zwar eigentlich, muss es aber in meinem biblischen Alter immer noch lernen. Das berühmte »Neinsagen«.

Wenn ich zwar verabredet bin, heute aber zufällig einer dieser Tage ist, an denen ich am liebsten in Wohnhose zu Hause auf der Couch rumlungern will, möchte ich gern ohne schlechtes Gewissen jederzeit absagen können. Natürlich sollte ich nicht ständig Verabredungen treffen, die ich dann nicht einhalte, aber grundsätzlich würde ich gerne auch kurzfristig auf mein Bedürfnis nach Ruhe und Zuhausigkeit hören und dem Folge leisten, selbst wenn ich damit jemanden enttäusche.

Ich möchte mir immer rechtzeitig darüber bewusst sein, wenn ich im Begriff bin, etwas nur zu tun, weil ich denke, es wird von mir erwartet.

Es bedarf doch nicht erst eines Panikanfalls, um herauszubekommen, dass der Bau des Einfamilienhauses in Pinneberg doch nicht mein Lebenstraum ist. »Sorry Leute, ich bin da mal raus!«, wäre in dem Fall eher blöd.

Einmal unterhielt ich mich mit einem befreundeten Cartoonisten. Er erzählte mir, dass er oft bis in die Nacht arbeitet, dann länger schläft und deshalb keine Termine vor zwölf annimmt. Fast ehrfürchtig lauschte ich seinen Worten. Solch eine Regel zu erstellen, wie mutig, dachte ich bei mir. Wie selbstbewusst. Es ist einfach so, er schämt sich nicht dafür, er hängt nicht jedes Mal bei einer Terminabsprache eine Entschuldigung an: »Ich sitze oft nachts lange bei der Arbeit, bitte verstehen Sie, dass ich mich deshalb leider nicht vor zwölf mit Ihnen verabreden kann.«

Er hat für sich herausgefunden, dass es so für ihn stimmig und gut ist, und deshalb macht er es so. Klare Ansage.

Mit eindeutigen Regeln ginge es auch besser für mich – und für andere.

Es ist an mir, für mich zu sorgen.

Auch in diesem Fall:

»Oh Gott, ich habe einen Verlagstermin in München!«

Sobald ich von dem Treffen weiß, sorge ich mich daraufhin. Es ist keine Vorfreude, es ist eine reine Vor-Sorge, die mich erfüllt. Komisches Wort, Vorsorge, eigentlich.

Meine erste Geschäftsreise seit Langem! Wie komme ich dorthin? Muss ich das alleine durchstehen? Was ist, wenn ich unterwegs Panik bekomme? Ich bin dann ganz allein auf mich gestellt! Und selbst wenn ich es irgendwie schaffe, wird es vielleicht megaanstrengend, ich werde weinen müssen. Im Zug. Und vor Ort auch. Und dann werden sie mich für bekloppt halten, den Vertrag zurücknehmen, und ich werde der Stadt verwiesen und lande über kurz oder lang, man ahnt es schon, im Armengrab. Wenn ich nicht vorher schon gestorben beziehungsweise verrückt geworden bin.

Bin ich schon einmal verrückt geworden?

Nein, natürlich nicht.

Und gestorben?

Hallo? Was ist denn das für eine Frage?

Na, was ist das dann für eine Angst?

Ph.

Mit meinem Freund bespreche ich die Münchenreise. Wie komme ich da hin und wann. Im ersten Moment denke ich: Schnell hin und wieder weg. Zack – und wieder da! Morgens früh hinfliegen, flugs dieses Meeting hinter mich bringen, wieder zum Flughafen und zurück. Im Gespräch merke ich: Nö. Das, was ich da vorhabe, ist ja selbst für einen psychisch vollkommen gesunden Menschen ziemlich stressig. Bei meinem nächsten Planungsanlauf entschleunige ich: Ich reise am Vortag an. Und zwar mit dem Zug. Das dauert zwar seine sechs Stunden, dafür habe ich den ganzen Flughafenalarm nicht, mit früher da sein, Schlange bei der Sicherheit, wo ist mein Gate, wartenwartenwarten … Zumal ich ja auch gar nicht so gern fliege. Dann schon lieber schön im Zug einen Film auf dem Notebook ansehen, lesen, schreiben, einnicken.

Ich suche mir eine kleine, zentral gelegene Pension und verabrede mich mit meiner Literaturagentin zum Essen. Und plötzlich freue ich mich auf den Termin. Danach besuche ich noch eine Freundin in der Nähe von Stuttgart, worauf ich mich auch sehr freue. Es war gut, mit meinem Schatz darüber zu sprechen und herauszufinden, was mir die Reise leichter macht. In dem Fall sind es folgende Dinge: Zug statt Flugzeug. Das bedeutet zwar mehr Zeit, aber auch weniger Stress. Am Vorabend anreisen. Das bedeutet, ich kann erst einmal richtig ankommen, bevor ich den wichtigen Termin wahrnehme. Eine kleine, familiäre Pension aussuchen. Das heißt für mich, ich habe einen Anlaufpunkt. Manchmal ist einem vielleicht auch ein anonymes Hotel lieber, mir behagt ein kleineres Haus mehr.

Mich schon abends mit meiner Agentin treffen, die mir vertraut ist und mit der ich den Termin am nächsten Tag abstimmen kann. Und plötzlich wird aus einem hektischen »schnell irgendwie nach München und wieder zurück« eine schöne Reise. Natürlich auch nur, weil ich es jetzt wieder kann. Vor nicht allzu langer Zeit wäre das schon mehr als eine Herausforderung gewesen.

Herauszufinden, was mir guttut und wie es für mich am besten ist, ist schon schwer. Dann vielleicht manchmal anders zu entscheiden, als Freunde oder Geschäftspartner es wollen, das ist noch schwieriger.

Schließlich will ich ja, dass mich alle mögen. Aber ich darf nicht vergessen, mich zu mögen …

Allzu häufig wundere ich mich, wenn ich einen Angstanfall habe, obschon sein Auftreten von außen betrachtet ganz verständlich ist.

So wie nach unserem wunderschönen Urlaub in Cornwall. Nach zweimaligem Verschieben unseres Fluges durch die Fluggesellschaft mussten wir unser charming cottage einen Tag früher verlassen, unterschätzten den Weg von Cornwall nach Heathrow (acht statt fünf Stunden), verpassten unseren Flug und buchten noch mal um auf einen in aller Herrgottsfrühe, brachten das Auto zurück und übernachteten außerplanmäßig noch eine Nacht in einem Hotel in Flughafennähe.

Natürlich schlief ich dort erst gar nicht, weil ich wusste, dass ich gleich wieder aufzustehen hatte –, wunderbar, da kommt man gut aus dem Bett!

Ohne Frühstück kamen wir rechtzeitig an den Flughafen, alles lief ab jetzt tadellos, bis wir im Flugzeug saßen.

Denn wir flogen nicht los.

Unmotiviert fuhr der Pilot mal hier-, mal dorthin, wie ein kleines Kind, dem langweilig ist und das, während es auf seine Spielkameraden wartet, vor deren Haus mit seinem Dreirad langsame Runden dreht.

Wir saßen angeschnallt in unserem Riesendreirad, und es tat sich nichts. Keine Ansage vom Piloten, nur warten. Und warten in geschlossenen Räumen, aus denen ich nicht wieder rauskann, ohne zu wissen, was los ist: Das ist mein Spezialgebiet. Ach, das mag ich so gerne wie Lakritz und Fenchel mit Leber zu essen, während *Betontod* aufspielen.

Als hätte sie auf ihren Einsatz nur gewartet, meldete sich meine Blase. Aber ich war doch gerade! Gut, das war inzwischen auch schon fast eine Stunde her, aber trotzdem, da konnte nichts sein. Ich nahm mir vor, das auszuhalten.

Mein Freund nickte ein an meiner Seite, der Glückliche! Ich spielte auf meinem Handy ein Spiel, wurde immer unruhiger. Versuchte, Atemübungen zu machen und zu lesen. Der Harndrang wurde schlimmer. Der Pilot drehte weiter unambitioniert kleine Runden auf dem Flughafengelände – wollte der uns jetzt nach Hamburg fahren? Und man durfte nicht auf die Toilette. Nein? Nein. Genauso wenig wie wieder raus aus dem Flieger. Ich spürte, wie meine Körpertemperatur anstieg.

Klar hatte ich noch ganz schön viel getrunken, wir hatten noch diese Zwei-Liter-Flasche Wasser, und morgens bin ich immer sehr durstig, aber dennoch konnte man das wohl aushalten, bis wir in der Luft und die Anschnallzeichen erloschen waren.

Das war aber kein normales Aufs-Klo-Müssen, merkte ich und wurde schon sehr unruhig. Panisch weckte ich meinen

Freund: »Lass uns *Ich packe meinen Koffer* spielen!«, bat ich ihn und er begann anstandslos. »Ich packe meinen Koffer und tue hinein einen Sack Teebeutel.«

»Ich packe meinen Koffer und tue hinein einen Sack Teebeutel und eine Luftmatratze.«

»Ich packe meinen Koffer und tue hinein einen Sack Teebeutel, eine Luftmatratze und eine Packung Clotted Cream.« Es fiel mir schwer, mich zu konzentrieren. Die Blase drückte.

»Ich packe meinen Koffer und tue hinein einen Sack Teebeutel, eine Luftmatratze, eine Packung Clotted Cream und …«

Normalerweise tut es gut, *Ich packe meinen Koffer* zu spielen, ich muss mich konzentrieren und lenke mich so von meiner Angst ab. Dieses Mal klappte es leider nicht so gut, die volle Blase drängte sich wieder in den Vordergrund – wir saßen jetzt schon über eine Stunde hier drin, ohne eine Ansage, ohne Plan.

Mein Freund sah aus dem Fenster: »Da stehen noch zwei Flugzeuge vor uns. Und jetzt machen sie die Startbahn sauber.« Wenigstens von ihm kamen Informationen. Aber auch er wusste natürlich nicht, wann es losging.

Ich war dran und versuchte, mich auf das Spiel zu konzentrieren: »Ich packe meinen Koffer und tue hinein …« Ich kam nicht weiter. Zu sehr war ich damit beschäftigt, meinem Atem wieder einen normalen Rhythmus zu geben.

»Einen Sack Teebeutel.«

»Ah ja, richtig, einen Sack Teebeutel, eine Luftmatratze, eine Packung Clotted Cream« – wieder wusste ich nicht weiter. Ich bekam kaum noch Luft, mein Herz hämmerte wie verrückt, und meine Blase drohte demnächst zu platzen. Ich musste irgendetwas tun. Als säße ich auf einem Ameisenhaufen, rutschte ich hin und her. Es half alles nichts, ich musste jetzt auf der Stelle sofort die Flugzeugtoilette aufsuchen.

Wie um von ihm die Absolution zu bekommen, fragte ich meinen Freund: »Meinst du, wenn das jetzt noch dauert, kann ich doch noch mal auf 17?«

Er schaute mich an und sagte in beruhigendem Tonfall: »Das geht bestimmt gleich los, und dann kannst du bald.«

In dem Moment ertönte die Durchsage des Piloten: »Wir werden in den nächsten fünf bis zehn Minuten starten.«

Fünf bis zehn Minuten? Noch so lange? Wie sollte ich das denn aushalten? Andererseits: Das war meine Chance! Kaum hatte ich mich abgeschnallt war ich auch schon hinten bei der Stewardess, die mich mit großen Augen jetzt schon genervt fragend anblickte. Ich schilderte ihr mein Problem.

»Sie können jetzt nicht auf die Toilette. Wir starten jeden Augenblick!«, ihre Stimme klang scharf.

»Geht das wirklich überhaupt gar nicht, nur ganz schnell?«, fragte ich, am ganzen Leib zitternd.

»Nein.«

Dann musste ich natürlich wirklich richtig volle Kanne und sagte ihr das auch. Entnervt verdrehte sie die Augen: »Na, dann gehen Sie eben«, und griff zum Hörer. Ob sie jetzt den übrigen Passagieren mitteilte, dass wir wegen mir jetzt noch stehen bleiben mussten, oder ob sie mit dem Cockpit Rücksprache hielt – es war mir ehrlich gesagt ziemlich egal.

Um gefühlt drei Liter erleichtert, setzte ich mich wenig später, immer noch bebend, zu meinem Freund und teilte ihm mit, dass ich zu Hause erst einmal weinen würde. Das hatte mich mal wieder ganz schön angestrengt.

Noch weiteren zehn Minuten hoben wir endlich ab, und ich verzichtete dankend auf das angebotene Bordgetränk.

Noch Tage danach war ich niedergeschlagen. Ich konnte doch wieder so schön fliegen! Die Hinreise war doch überhaupt kein Problem! Wieso jetzt dieser Stress? Und damit traf ich den Nagel auf den Kopf, erkannte das aber erst beim Gespräch mit meiner Therapeutin:

»Seien Sie doch etwas milder mit sich! Das war ja wohl eine ganz schön strapaziöse Rückreise, wenn ich mir das für mich vorstelle – da wäre ich aber auch ziemlich angespannt gewesen.

Bei mir hätte sich das vielleicht anders gezeigt, aber das war ja wirklich kräftezehrend und zermürbend, auch, dass man nicht weiß, was eigentlich los ist. Da ist es doch vollkommen normal, dass sie da nicht entspannt im Flugzeug sitzen!«

Ich saß staunend da. Wieder einmal hatte ich mich überschätzt, mir eingeredet, dass »etwas nicht stimmte mit mir«, wenn es mich stresst, wenn wir unseren Urlaub einen Tag früher abbrechen müssen, statt fünf acht Stunden mit dem Auto zum Flughafen brauchen, weil wir die ganze Zeit im Stau stehen, noch eine Übernachtung benötigen, ich da kaum schlafen kann, weil es um halb sechs Uhr morgens weitergeht, und wir dann noch eine Stunde ohne Information auf dem Rollfeld stehen.

Netter zu mir sein und mir zugestehen, dass das alles ein bisschen viel war. Und beim nächsten Mal die Stewardess früher fragen, ob ich schnell aufs Klo kann, ohne vorher noch einen halben Koffer zu packen: Das nehme ich mit fürs nächste Mal.

SIE HEISST ÜBRIGENS ELEONORE, ODER: MEIN WEG INS FREIE

Ich werde selten wütend. Manchmal kommt mir nach einer Begebenheit irgendwann viel später in den Sinn, dass das eigentlich eine gute Gelegenheit gewesen wäre, um doch mal wieder richtig entrüstet zu sein. Wie damals, als mir die junge Frau auf dem Gehweg so mit ihrem Fahrrad gegen die Ferse gefahren ist, dass sie mir einen Schuh ausgezogen hat! Den Schuh mit dem Reifen ausziehen, wenn das eine Wette bei *Wetten, dass ..?* gewesen wäre, hätte niemand geglaubt, dass das möglich ist. In Eppendorf macht man das einfach so, ohne Aufwärmen.

Frederik, der mit mir den Weg entlangging, war empört. Er brachte mich erst auf die Idee, dass Wut in einer solchen Situation durchaus eine angemessene Reaktion hätte sein können: »Passen Sie doch auf, Sie Ziege, was fahren Sie auf dem Bürgersteig und mir dann noch gegen die Hacken!«

Ich wäre allerdings erst nach fünf Minuten so weit gewesen, sie anzuschnauzen, doch da war die rücksichtslose Radfahrerin natürlich schon längst über alle Berge.

Aber diese ganze Wut mit ihrer Energie steckt ja nach wie vor in mir. Ich halte sie nur im Zaum, weil ich mich an Regeln und Konventionen halte. Weil ich oft erst viel zu spät merke, dass ich eigentlich wütend bin. Weil ich es mir nur nicht erlaube, das zu sein. Weil ich ja brav und freundlich zu sein habe. Immer und überall. Diese Art Wut in Folge einer Verletzung oder einer Ungerechtigkeit brodelt in mir vor sich hin und sucht sich ein Ventil an anderer Stelle: Sie wird zu Angst.

Und dann gibt es noch die andere Wut, die sich gegen das richtet, was da mit mir passiert. Genauer: gegen mich selbst. Weil ich nicht funktioniere, weil ich mich oft fürchte, Dinge zu tun, die für andere ganz normal sind.

Für beide Wüte hätte ich dann manchmal am liebsten einen Sandsack, auf den ich einschlagen könnte, am besten mit Boxhandschuhen, linker Haken, rechter Haken, k. o. In Hamburg gibt es leider keinen Wutraum, in dem man – im Schutzanzug und gegen Entgelt – ein Zimmer mit Baseballschläger und Axt zerlegen und dabei laut rumschreien kann. Vielleicht muss ich dafür einmal nach Berlin fahren.

Stattdessen fahre ich regelmäßig in den Wald – nicht um zu schreien oder einen armen Baum zu Kleinholz zu verarbeiten, nein, ich muss ab und zu Bäume sehen, Grün um mich herum haben, gute Luft und Stille genießen. Zwischen all den Pflanzen kann ich mich gut mit Ruhe bevorraten.

Zum Glück kann sich mein Freund daran auch erfreuen, und so schlüpfen wir also eines Sonntags in bequeme Schuhe und pesen zum Wohldorfer Wald. Das Wetter ist perfekt, die Stimmung friedlich, und alles strotzt vor sattem Grün – herrlich!

Die Luft riecht wunderbar erdig nach dem Regen der vergangenen Tage, und wir suchen vorsichtig nach festem Untergrund zwischen Pfützen und Matsch.

Wir sind hier nicht weit weg vom Flughafen, daran erinnert uns das Donnern der Flugzeuge über unseren Köpfen. Eins nach dem anderen hebt ab, nur wenige Kilometer von uns entfernt, und trübt die verträumte Waldesstimmung. Der Versuch, die tosenden Geräusche auszublenden, gelingt nicht besonders gut.

Dennoch ist es wohltuend, im Wald zu sein, weit weg von Autolärm, Abgasen und Menschenmengen, nur Blätter, Stämme, Äste und winzige Fröschchen, die durch tiefe Pfützen schwimmen, um auf die andere Wegseite zu gelangen. Wenn gerade kein Flieger über uns lärmt, ist es idyllisch still. Und es könnte einfach nur angenehm und erquickend sein, die frische Luft zu inhalieren und sich am Grün zu laben.

Stattdessen entscheide ich mich, Angst zu bekommen. Einfach so aus Scheiß, vielleicht ist mir langweilig, zu wenig Action, zu kleine Fröschchen, zu wenig Abwechslung. Ein leichtes Kratzen im Hals genügt, um mein limbisches System oder welcher kranke Typ in meinem Gehirn jetzt gerade Bock auf Randale hat, in Alarmbereitschaft zu versetzen.

Sehr wahrscheinlich werde ich jetzt ersticken. Genau wie gestern schon.

Aber da war es noch heftiger:

Mein Freund und ich saßen in der lauen Abendluft in der Schanze. Vereinzelte Junggesellenabschiede torkelten über die Straßen, ansonsten war für einen Samstagabend herzlich wenig los. Eine träge, friedliche Stimmung lag über dem Viertel und wir unterhielten uns über Aquarien, Katzencafés und die Unsitte, Hunde in der Großstadt zu halten. Während wir dort saßen und Bier tranken, atmeten wir, wahrscheinlich aus alter Gewohnheit und vielleicht auch, weil es jeder macht.

Plötzlich atmete ich irgendetwas ein, vielleicht eine Minifliege, ein winziges Pöllchen, irgendetwas, was sich seinen Ausflug durch die Sommerluft wahrscheinlich auch anders vorgestellt hat und sich jetzt verdutzt in meiner Luftröhre wiederfand.

Von seiner Überraschung bekam ich allerdings nichts mit, war ich doch damit beschäftigt, mich in Horrorszenarios hineinzusteigern. Dieses Mal war ich sicher: Ich würde demnächst ersticken. Schon schnürte sich mir die Kehle zu, der Brustkorb wurde eng, ich bekam keine Luft, aus einem anfänglich zögerlichen Räuspern wurde Husten, immer mehr, ich entfernte mich von allem, griff nach der Hand meines Freundes, während ich mich alarmiert aufrichtete, zum Sprung bereit, die Panik raste durch meinen Körper, ich schien nur noch aus Herzschlag zu bestehen, atmen war Fehlanzeige, da meldet sich von weit her eine freundliche Stimme, die mir empfahl:

»Sprich mit ihr. Rede mit der Angst.«

Ich begrüßte sie still, dachte: Hallo Angst! Ich höre dich. Ich nehme dich wahr.

Was natürlich maßlos untertrieben war, schließlich war ich eingeschlossen in einer Angstblase – aber als ich, die Augen geschlossen, mit ihr sprach, wurde sie ein kleines bisschen weniger, wie um auszuholen für den finalen Schlag, denn sie steigerte sich gleich darauf noch mal und – rannte gegen meine Wand aus freundlichem:

»Hallo, Eleonore! Ist doch okay, wenn ich dich Eleonore nenne?«, um daran abzuprallen, in sich zusammenzusacken und abzutropfen. Anscheinend mögen Paniken es nicht, beim Namen genannt zu werden.

Oder ihr hat nur einfach dieser Name nicht gefallen.

Es ging mir besser, noch zitterte ich zwar und war fix und fertig, aber gleichzeitig war ich auch stolz, dass mir eingefallen ist, mit ihr zu reden. Das war zwar kein richtig neues, aber ein hilfreiches Werkzeug, an das ich viel zu selten denke. Mein Freund guckte besorgt: »Hast du dich verschluckt? Geht's wieder?«

Ich nickte benommen und erzählte ihm, dass ich meine Angst angesprochen habe: »Eleonore heißt sie, ich hab ›Hallo Eleonore‹ gesagt, und dann ist es besser geworden.«

»Eleonore ist aber ein komischer Name für Angst. Es muss ein kurzer Name sein, Tim zum Beispiel.«

»Ich finde Eleonore gut. Das klingt so gouvernantenhaft. Wie eine strenge Tante oder so. Gleichzeitig klingt es warm und dunkel. Ich finde, es passt!«

Mein Freund ist nicht zufrieden: »Wolf Schneider (sein Sprachpapst) sagt: Große Emotionen sind einsilbig! Wut, Scham, Hass – und Angst.«

»Was ist mit Liebe? Und Eifersucht?«

»Na ja, es gibt immer Ausnahmen. Aber alle anderen sind einsilbig. Also müsste die Angst Tim heißen oder Sam oder so.«

»Meine heißt aber Eleonore. Ich fühle das so. Ich fühle meine Angst fünfsilbig.«

Nach dieser waschechten, zwar kurzen, aber intensiven Panikattacke blieb ich sitzen. Sie steckte mir zwar noch in den Knochen, dennoch verspürte ich nicht den Wunsch, wegzulaufen und sofort nach Hause zu fahren. Und darauf bin ich ziemlich stolz. Es war sehr unangenehm, aber ich konnte irgendwie mit der Angst – mit Eleonore – umgehen und bin nicht geflüchtet.

Als ich dann aber am nächsten Tag mitten in der grünen Idylle wieder Angst bekomme, aus für mich erst einmal unerfindlichen Gründen, bin ich sauer. Warum kann ich nicht einfach einen entspannten Sonntagsspaziergang genießen? Was soll das? Warum dieser Stress? Warum kann ich nicht endlich wieder »normal« sein?

Wieder habe ich ein leichtes Kratzen im Hals gespürt, und wieder bin ich so unverhältnismäßig darauf angesprungen. Ich will nicht wissen, was mit mir los ist, wenn ich mal Husten habe, richtigen Husten. Drehe ich dann vollkommen durch? Ich hasse es. Mein Verstand sagt mir eindeutig, dass keine Gefahr besteht, dass »alles gut« ist, wie der Volksmund sagt, und dennoch bin ich angespannt wie ein viel zu kleiner Hosenträger über einem riesigen Bauch.

Satt habe ich es, so satt, immer so verzagt zu sein, jede kleine Regung zu spüren und zu interpretieren, warum kann ich nicht einfach fröhlich und gelassen sein?

Was will mir denn diese Angst sagen? Ich weiß selbst, dass ich »zu lieb« bin, von allen zumindest gemocht werden will und Konflikten lieber aus dem Weg gehe, als sie durchzustehen. Aber das geht doch vielen so, warum muss ich denn deshalb so leiden?

Ja, ich tue mir leid, aber mehr noch bin ich wütend. Ich möchte das nicht mehr, und doch bin es ich selbst, die sich das antut! Wie soll das denn ein Mensch verstehen? Völlig genervt erkläre ich mich meinem Freund. Kurz kommen Tränen, aber selbst das kann ich nicht richtig. Ordentlich zu heulen, würde mir wenigstens mal Erleichterung verschaffen!

Richtig wütend bin ich auf die Angst, wütend, frustriert und ausgelaugt. »Einmal unterwegs sein, ohne über irgendetwas zu erschrecken, ohne mich zu fürchten und mein letztes Stündchen schlagen zu hören, das wäre schön!«, übertreibe ich.

Wahrscheinlich traue ich mich jetzt wieder gar nichts mehr, schlage ich meiner verängstigten Seele vor, und sie greift die Idee dankbar auf und fürchtet sich schon einmal prophylaktisch vor der nächsten U-Bahn-Fahrt in die Stadt. Prima!

Nach unserem Ausflug in den Wald gehen wir noch eine Pizza essen, und ich bin so aufgedreht, dass ich kaum etwas herunterbringe, was mich natürlich nur noch wütender macht. Warum kann diese Scheißangst sich nicht einfach mal verpissen? Das Leben ist so schön, es geht mir eigentlich wunderbar, es ist Sommer, und ich drehe am Rad! Muss das denn bitte sein, und wenn ja, warum?

Ich weiß ja, dass die Angst einen Sinn hat, aber dennoch wird man ja wohl auch mal genervt sein dürfen! Man muss doch nicht immer alles schönreden! Angst ist anstrengend und nervig und irgendwann muss es auch mal gut sein!

Über Wut freut sich meine fabelhafte neue Therapeutin. Ich mache eine tiefenpsychologisch fundierte Therapie. Und es tut sich etwas. Auch wenn es sich eigentümlich anhört, ich spüre, wie ich wachse. Nein, nicht in die Breite, das kenne ich ja schon, das liegt an Nougatschokolade und Blaubeereis – ich wachse innerlich. Es passiert etwas mit mir. Das kleine, brave Mädchen, das es den Eltern immer recht machen wollte, wird jetzt, mit Mitte vierzig, allmählich erwachsen.

Oder anders gesagt: Ein Teil von mir ist immer noch das kleine Mädchen von damals, ein anderer inzwischen eine erwachsene Frau. Jedoch beginnen sich die Anteile immer mehr umzudrehen. Früher war ich zu siebzig Prozent klein und eher hilflos, im Laufe der Zeit hat sich das gewandelt, und jetzt, ein paar Jahrzehnte später, scheinen die siebzig Prozent eher erwachsen zu werden, und es bleiben nur noch dreißig Prozent für das Kind übrig.

Damit wir uns nicht falsch verstehen: Das Kind ist mir wichtig. Es ist ein besonderer Teil von mir, den ich nicht missen möchte. Ein Teil, der mich staunen lässt, der dafür sorgt, dass ich mit Kindern gut klarkomme, der einen Großteil meiner Kreativität ausmacht, der mich lustig und verspielt sein lässt. Er gehört zu mir. Aber mindestens genauso wichtig ist, wenn man, wie ich, auf die fünfzig zugeht, der erwachsene Teil. Der Teil, der für meine Bedürfnisse einsteht. Für selbstbestimmtes Handeln, für Lebensplanung und vernünftige Ernährung, Sport, Kultur und Gedöns.

Das ist bizarr und natürlich längst an der Zeit.

Seit ein paar Sitzungen bei meiner neuen Therapeutin fühle ich mich anders, mehr wie ein Pferd als wie ein Kaninchen.

Äh, ja.

Ich weiß schon sehr lange, dass es mir oft nicht leichtfällt, meine eigenen Bedürfnisse klar zu erkennen und auszusprechen. Aber ich habe mich damit arrangiert. Es ist eben so. Ich bin so. Und immer wieder kommt natürlich auch mein Unwillen zwischen mich und meine Bedürfnisse, einfach zu sagen, was ich möchte. Schließlich will ich ja auch gar keine Egoistin sein.

Es gefällt mir ja, dass mich meine Mitmenschen interessieren, dass ich freundlich bin und Mitleid empfinde, dass ich versuche, so zu leben, dass es anderen angenehm ist, mit mir zusammen diesen Planeten zu bewohnen. Ich bringe mein Altpapier weg und versuche, Verpackungen zu vermeiden, spare

Strom und fahre Fahrrad, grüße meine Nachbarn, halte die Tür auf und lächle die Kassiererin im Supermarkt an. Nur verschwimmen die Grenzen zwischen freundlich zu anderen zu sein und es allen recht machen zu wollen außer mir selbst das ein oder andere Mal.

Natürlich war ich bislang auch erwachsen und führe schon lange ein eigenständiges Leben. Die Veränderung findet auf einer anderen Ebene statt.

Ich beginne, selbstbewusster zu werden. Ich merke regelrecht, wie ich mich innerlich aufrichte, mich bereit mache, mein Leben noch mehr selbst in die Hand zu nehmen und auf den Welpenschutz zu verzichten. Wird meine Umwelt das mitmachen? Insbesondere mein Freund? Nicht, dass er bisher alles für mich geregelt hätte (dazu hätte er gar keine Zeit), aber ich glaube, ich habe mich selbst bislang nicht sonderlich ernst genommen, geschweige denn mir viel zugetraut.

Natürlich könnte man sagen, um auf die Bühne zu gehen, braucht man ganz schön viel Selbstvertrauen. Das habe ich auf der einen Seite auch ganz gewiss, und ich bin froh, dass es diese Seite in mir gibt. Aber oft habe ich mir gewünscht, etwas mehr von der Frechheit und Unbekümmertheit von der Bühne in meinen Alltag mitnehmen zu können.

Jetzt, wo ich nicht mehr auf der Bühne stehen muss und endlich die richtige Therapie mache, ändert sich etwas in die Richtung. Inwiefern das mein Leben komplett umschmeißen wird, weiß ich nicht.

Es wundert mich nicht, dass der ehemalige Präsident der Deutschen Gesellschaft für Psychologie, Prof. Dr. Jürgen Margraf, eine Art Beipackzettel für die Nebenwirkungen bei Psychotherapien fordert. Schließlich ist das, was da mit mir passiert, nicht nur super. Im Gegenteil. Plötzlich stelle ich praktisch alles infrage. Die Schaffarm in Irland ist überhaupt nicht mehr unwahrscheinlich. Wie will ich leben? Wie verändert sich meine Partnerschaft, wenn ich mich verändere? Welche Freunde sind meine richtigen Freunde, und welcher Beruf gehört eigentlich zu mir? Wird das jemals wieder die Bühne sein? Diese Gedanken machen mich traurig und müde. Ist das jetzt eine Art Midlife-Crisis, oder ist das normal?

Was genau ist überhaupt normal?

Immer wieder habe ich während der Therapie in mich hineingehört, mich gefragt, ob, und wenn, was da passiert in mir. Ob ich das wohl mitbekomme. Oder ob ich plötzlich aufwache und fliegen kann. Ohne Flugzeug. Mit Flugzeug geht es ja schon eine ganze Weile länger wieder.

Ich habe meine Therapeutin mit großen Augen angeschaut, schon manches Mal, und ihr angekündigt, dass ich jetzt erst einmal eine Runde jammern werde, weil ich mir sehr leidtue. Weil ich wieder sehr viel Angst hatte, im Kino mit Freunden, weil ich den Film nicht genießen konnte und hinterher die fast volle Flasche Bier stehen ließ. Weil ich nicht in der Lage war zu trinken und ich wollte, dass meine Angst mich endlich in Ruhe ließ! Wann, wann, wann hört das endlich auf, habe ich sie gefragt. Und was kann ich dafür tun? Gibt es Übungen, Merksätze, Bücher, die ich lesen kann? Schreiben wir einen Test?

Und jetzt tut sich etwas. Plötzlich, unvorhergesehen. Wie einem nach einem langen Winter eines Tages unvermittelt gewahr wird, dass die Vögel wacher tirilieren. Dass der Baum vor dem Haus Knospen hat. Dass die Eisdiele wieder geöffnet hat und die Kleidung der Menschen auf den Straßen wieder bunter wird.

So fühlt sich meine Seele plötzlich anders an. Der Abschied von dem in der Kindheit eingeprägten Muster, das mein Verhalten jahrzehntelang bestimmt hat, tut weh; schließlich kenne ich es nicht anders. Aber etwas in mir richtet sich auf. Meine Seele macht sich gerade. Das kleine Mädchen, das ich war, bin ich zwar immer noch, aber zu einem weitaus größeren Teil werde ich eine erwachsene Frau.

Manchmal hatte ich das Gefühl, ein Kind zu sein, das eine Erwachsene spielt. Und plötzlich beginnen die beiden Teile, die unzweifelhaft in mir sind, zu verschmelzen. Es ist kein Erdbeben, es ist ein Seelenbeben, das mein Innerstes durcheinanderrüttelt. Natürlich bin ich schon seit vielen Jahren auch eine erwachsene Frau. Ich habe eine Kreditkarte, bin geschäftsfähig und mache einen Mittagschlaf, wenn ich die Möglichkeit habe und, vor allem, wenn ich es möchte. Ich kaufe mir Schuhe und mache freiwillig Zahnarzttermine aus. Ich verdiene Geld und gehe essen. Und dennoch habe ich Muster aus meiner Kindheit übernommen, Muster, die mir Geborgenheit und Sicherheit vermitteln, weil ich sie so gewöhnt bin.

Und jetzt, zack, gerade mal vierzig Jahre später, beginne ich aus diesen Mustern und Gewohnheiten auszubrechen. Das ist ja vielleicht ein Tempo, dass ich da an den Tag lege!

Was fehlt mir in meiner Partnerschaft? Bin ich zufrieden, mit dem, was ich habe, weil es mir genügt oder weil ich denke, nicht mehr haben zu dürfen? Oder ändern sich meine Ansprüche an meinen Partner?

Wunderbar ist, dass eine Therapie tatsächlich Gefühle, Verhaltensmuster und Grundlegendes an den Tag bringt, dass ich erfahre, was ich ändern kann und muss, damit es mir besser geht. Und letztendlich brauche ich die Angst dafür zu erkennen, was schiefgelaufen ist seit meiner Kindheit.

Ich brauche die Angst, um das zu werden, was ich eigentlich sein will: selbstbewusst und sicher, erwachsen und selbständig, nicht mehr das Kind, sondern eine Frau. Und jeder, der eine Therapie mit einem fitten Therapeuten oder einer fitten Therapeutin macht, wird dieses Wunder miterleben, das dafür sorgt, dass es einem mit einem besser geht. Der Weg dorthin ist gewiss schmerzhaft, traurig und zuweilen verstörend. Ich bin glücklich mit meinem Freund, entdecke aber während der Therapie alte Muster in meinem Handeln in der Beziehung und stelle plötzlich vieles infrage. Mir fallen Umstände in unserer Partnerschaft auf, die mich bislang nicht gestört haben. Jetzt, wenn alles an die Oberfläche dringt, habe ich die Möglichkeit, ein besserer Mensch zu werden. Einer, der besser zu sich selbst ist, genauer gesagt.

Meine Seele wehrt sich gegen das Ablegen alter Muster, und wenn ich schreibe, dass die Therapie anstrengend ist, dann nicht nur wegen der neuen Erkenntnisse, sondern auch weil ich spüre, dass meine Angst mir die Hölle heißmacht.

Ich gehe Konflikten nicht mehr aus dem Weg, ich beginne wieder, Auto zu fahren (was ich nie gerne gemacht habe), und poltere auch mal, wenn meine Nachbarn zu laut sind. Das gefällt meiner Angst nicht, sie will mich weiterhin klein halten, weil sie mich beschützen möchte. Durch die Erkenntnisse meiner Therapie geht es mir erst einmal viel schlechter. Der Reifungsprozess ist in vollem Gang.

Es ist nun an mir, weiter zu üben und dem kindlichen Teil meiner Seele klarzumachen, dass keine Gefahr besteht und ich auf mich selbst aufpassen kann. Dann brauche ich meine Angst nicht mehr so dringend.

Wieso sage ich nicht einfach: »Mir doch egal, ich find's gut, so wie es ist!« Weil es nicht gut ist, wie es ist. Sonst bräuchte ich die Angst ja nicht. Bei all der Anstrengung und Angst fühlt es sich wunderbar an, die Frau freizuschaufeln, die ich bin. Und erwachsen sein ist mit zunehmendem Alter ja genau richtig.

Vielleicht werde ich auch meine Angst nie vollständig verlieren, aber ich kann dann gucken, was sie mir sagen möchte, und es mir so gut wie möglich gehen lassen. Indem ich auf meine Grenzen achte und mir zugestehe, dass ich eigene Grenzen haben darf, egal, was andere können. Indem ich mir bewusst bin, dass ich nicht alleine bin mit meinen Psychomacken, dass ich von vielen Seiten Verständnis und Hilfe bekomme, wenn ich mit meinen Problemen offen umgehe und mich anderen anvertraue. Indem ich immer wieder übe in Schritten, die für mich richtig sind, und indem ich mich über meine Erfolge freue und mich nicht ärgere, wenn sie »nur« klein sind. Indem ich mir bewusst bin, dass auf schlechte auch wieder gute Tage folgen, dass es morgen schon wieder ganz anders aussehen kann.

Indem ich mit mir gnädig bin und nicht versuche, perfekt zu sein. Außer, ich bin mir sicher, dass ich perfekt bin, so wie ich bin, mit meinen Ängsten.

Dank

Zuletzt, aber nicht zumindest, möchte ich mich bedanken bei meiner (Bonus-)Familie und meinen Freunden, die beim Schreiben dieses Buchs mitgefiebert haben.
Auch danke ich meiner Literaturagentin Nina Arrowsmith, dass sie mich ermuntert hat, dieses Buch so persönlich werden zu lassen.
Ich danke allen von Gräfe und Unzer für die schöne Zusammenarbeit und ganz besonders meiner Lektorin Anna Cavelius, mit der ich, wie sie vermutet, in einem vorigen Leben schon zusammen auf einem Scheiterhaufen gestanden habe, für die sehr herzliche und gute Zusammenarbeit.
Und natürlich ganz vielen Dank an Gerald.

»The idea that you have to be protected
from any kind of uncomfortable emotion
is what I absolutely do not subscribe to.«

»Die Ansicht, dass man
vor unangenehmen Emotionen beschützt werden müsse,
teile ich keineswegs.«

JOHN CLEESE

BÜCHER, DIE WEITERHELFEN

Bücher & Apps aus dem GRÄFE UND UNZER VERLAG

Eßwein, Jan Thorsten:
Achtsamkeitstraining
(mit CD)

Grasberger, Delia:
Autogenes Training (mit CD).

Haimerl, Christian:
Frei von Angst- und Panikattacken in zwei Schritten (mit CD)

Hainbuch, Dr. Friedrich:
Progressive Muskelentspannung (mit CD)

Hoffmann, Ulrich:
Meditationen – 35 Übungen für mehr Wohlbefinden und Gelassenheit

Iding, Doris:
Ängste überwinden – Mein Übungsbuch für mehr Gelassenheit und Harmonie

Mannschatz, Marie:
Meditation. Mehr Klarheit und innere Ruhe (mit CD)

Schneider, Maren:
Heilende Meditationen
(mit CD)

Trökes, Anna:
Yoga Nidra. Die Yoga-Tiefenentspannung
(mit CD)

App:
Angstfrei

Bücher aus anderen Verlagen

Baker, Roger:
Wenn plötzlich die Angst kommt. Panikattacken verstehen und überwinden
SCM, Holzgerlingen

Ballet de Coquereaumont, Emmanuel:
Endlich angstfrei. Begegne deinem inneren Kind und besiege deine Angst
mvg, München

Basset, Linda:
Angstfrei leben. Das erfolgreiche Sebsthilfeprogramm gegen Stress und Panik
Beltz, Weinheim

Bernhardt, Klaus:
Panikattacken und andere Angststörungen loswerden. Wie die Hirnforschung hilft, Angst und Panik für immer zu besiegen
Ariston, München

Croos-Müller, Dr. med. Claudia:
Nur Mut! Das kleine Überlebensbuch Soforthilfe bei Herzklopfen, Angst, Panik und Co
Kösel, München

Peurifoy, Reneau Z.:
Angst, Panik und Phobien. Ein Selbsthilfe-Programm
Hogrefe, Bern

Schneider, Maren:
Stressfrei durch Meditation. Das MBSR-Kursbuch nach der Methode von Jon Kabat-Zinn
O.W.Barth, Frankfurt/M.

Wehrenberg, Margaret:
Die 10 besten Strategien gegen Angst und Panik. Wie das Gehirn uns Stress macht und was wir dagegen tun können
Beltz, Weinheim

Wolf, Doris, Dr.:
Ängste verstehen und überwinden.
PAL, Mannheim

ADRESSEN, DIE WEITERHELFEN

Gesellschaft für Angstforschung
Psychiatrische Universitätsklinik Göttingen
Von-Siebold-Straße 5
37075 Göttingen
Tel.: 0551 / 39 66 06
Fax: 0551/ 39 20 04
Mail: Sekretariat.Bandelow@medizin.uni-goettingen.de
Internet: www.gwdg.de/~bbandel/gaf.htm

Deutsche Gesellschaft für Verhaltenstherapie e. V.
Corrensstraße 44-46
72003 Tübingen
Tel.: 07071 / 94 34 0
Fax: 07071 / 94 34 35
E-Mail: dgvt@dgvt.de
Internet: www.dgvt.de

Selbsthilfegruppen

Bundesverband der Selbsthilfe
Pyrmonter Straße 21
37671 Höxter
Tel.: 05271 / 69 99 056
Fax: 05271 / 69 99 014
E-Mail: info@vssp.de
Internet: www.vssp.de

Selbsthilfeforum
http://www.psychic.de/

Kontakt- und Informationsstelle für Selbsthilfe KISS
(regional organisiert, z.B. unter:)
www.kiss-hh.de (Hamburg)
www.kiss-mfr.de (Mittelfranken)

Club D&A, Selbsthilfe bei Depression und Angststörungen
Schottenfeldgasse 40/8
A-1070 Wien
Tel.: 407 77 27
Fax: 407 77 27-71
http://www.club-d-a.at

Angst- und Panikhilfe Schweiz (aphs)
Schottenfeldgasse 40/8
www.aphs.ch

Therapeutensuche:

Über die Krankenkassen oder:
http://www.aerzte-im-netz.de/index_net.html
https://www.bpm-ev.de/arztsuche.html
http://www.psychotherapiesuche.de/pid/search
https://www.therapie.de/psyche/info/

Auswahl psychosomatischer Kliniken:

Christoph-Dornier-Klinik GmbH
Tibusstraße 7-11
D-48143 Münster (NRW)
www.christoph-dornier-klinik.de

Fachklinik Heiligenfeld
Euerdorfer Straße 4 - 6
97688 Bad Kissingen
www.heiligenfeld.de

Klinik für Psychosomatik
MEDIAN Zentrum für Verhaltensmedizin Bad Pyrmont

Bombergallee 10
31812 Bad Pyrmont
www.ahg.de

Die werden Sie auch lieben.

ISBN 978-3-8338-4623-6

ISBN 978-3-8338-5982-3

ISBN 978-3-8338-4829-2

ISBN 978-3-8338-4562-8

e Alle hier vorgestellten Bücher sind auch als eBook erhältlich.

Mehr von GU auf **www.gu.de** und
facebook.com/gu.verlag

G|U

Willkommen im Leben.

IMPRESSUM

Projektleitung: Birgit Reiter, Ilona Daiker

Lektorat: Anna Cavelius

Layout & Umschlaggestaltung: independent Medien-Design GmbH, Horst Moser, München

Bildnachweis:
Cover: Stocksy
Autorenporträt: Monika Schuerle, Hamburg

Herstellung: Anna Bäumner

Satz: Uhl + Massopust, Aalen

Repro: Repro Ludwig, Zell am See

Druck und Bindung: C. H. Beck, Nördlingen

ISBN 978-3-8338-6384-4

1. Auflage 2018

Die **GU Homepage** finden Sie im Internet unter **www.gu.de.**

www.facebook.com/gu.verlag

QUALITÄTS GU GARANTIE

Liebe Leserin, lieber Leser,

haben wir Ihre Erwartungen erfüllt? Sind Sie mit diesem Buch zufrieden? Haben Sie weitere Fragen zu diesem Thema? Wir freuen uns auf Ihre Rückmeldung, auf Lob, Kritik und Anregungen, damit wir für Sie immer besser werden können.

GRÄFE UND UNZER Verlag
Leserservice
Postfach 86 03 13
81630 München
E-Mail:
leserservice@graefe-und-unzer.de

Telefon: 00800 / 72 37 33 33*
Telefax: 00800 / 50 12 05 44*
Mo–Do: 9.00 – 17.00 Uhr
Fr: 9.00 – 16.00 Uhr
(gebührenfrei in D, A, CH)*

Ihr GRÄFE UND UNZER Verlag
Der erste Ratgeberverlag – seit 1722.

Umwelthinweis

Dieses Buch wurde auf PEFC-zertifiziertem Papier aus nachhaltiger Waldwirtschaft gedruckt.

GRÄFE UND UNZER

Ein Unternehmen der
GANSKE VERLAGSGRUPPE